全国小学生校园美文精品集

七色阳光
小少年

玻璃弹珠的烦恼

《语文报》编写组 编

时代文艺出版社

图书在版编目（CIP）数据

玻璃弹珠的烦恼 /《语文报》编写组编. —长春：时代文艺出版社，2018.8（2023.6重印）

（"七色阳光小少年"全国小学生校园美文精品集萃丛书）

ISBN 978-7-5387-5863-4

Ⅰ.①玻… Ⅱ.①语… Ⅲ.①作文－小学－选集 Ⅳ.①H194.4

中国版本图书馆CIP数据核字（2018）第114661号

出 品 人　陈　琛

产品总监　郭力家

责任编辑　刘　兮

装帧设计　孙　利

排版制作　隋淑凤

玻璃弹珠的烦恼

《语文报》编写组 编

出版发行 / 时代文艺出版社

地址 / 长春市福祉大路5788号　龙腾国际大厦A座15层　邮编 / 130118

总编办 / 0431-81629751　发行部 / 0431-81629758

官方微博 / weibo.com / tlapress

印刷 / 北京一鑫印务有限责任公司

开本 / 700mm×980mm　1 / 16　字数 / 153千字　印张 / 11

版次 / 2018年8月第1版　印次 / 2023年6月第5次印刷　定价 / 34.80元

图书如有印装错误　请寄回印厂调换

编 委 会

目 录

001

爱的传递

特别的你

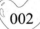

彼岸花开

我和我的小伙伴

四月蔷薇

别样的风景

时间的音符

　　时间像一匹鬃毛遮面的千里马，当它掠过你时，你若没能发现它是千里马，那马就离你远去，只有牢握缰绳才能做时间的主人，去自由地驾驭时间，不要让时间拖着你走，不要放过一分一秒。

时间的音符

刘天宇

时间的音符刮散了生活的懵懂和幼稚，听着光阴的歌唱，就这样慢慢长大了。

时间给了我很多的快乐，却也给了我沉痛的打击。我还记得，那年的我们相聚一堂，手拉手，唱着歌，多么快乐。我也清晰地记得当时我们顶着骄阳，接受着来自烈日的洗礼，汗水从我们的脸颊上流下，虽然苦，但是却那么开心，那么满足。我们也曾手拉手四十五度望向天空，诉说着美好的未来，当时一张张的笑脸，却在此之后成了我心中不可缺失的一部分；一段段身影，也在我的心中成了最美的风景，百看不厌。如今我们即将分离，时光竟是那么的残忍，狠心地将这些变成了片段浮沉在脑海之中，我追随时光的脚步，就这样慢慢长大了。

长大，意味着失去，意味着我们失去了以往的幼稚和懵懂，但又意味着失去了很多美好的回忆。又是一年的夏天，我们即将离别，那属于我们的乐章终于在时间的推移下落下了帷幕。我们的脸上少了几分顽皮，又多了几分成熟和稳重。长大，有失也有得，褪去了一身的稚气，留给了我一段离别的记忆，就这样在时间的沉淀里，慢慢地长大。

成长，就是一场关于我们的电影，有笑有泪，有摩擦后的小打小闹，也有转身就和好的经历，这就是成长，这就是青春，让我少了几分狂妄和放纵，多了几分成熟与稳重，这就是时间的沉淀，让我顺着光阴的河流慢慢地长大。

再动听的歌曲也有终点，再美的花朵也会有凋谢的时候，再美的生活也会流逝，但这就是时间，这就是成长，毕竟是一场青春的流浪，毕竟是一场一个人的旅行，而我就这样慢慢长大了。

和时间赛跑

薛嘉懿

003

爱迪生曾经说过："人生太短，要干的事太多，我要争分夺秒。"如果我们在生活中能处处和时间赛跑，就会收获很多东西。

和时间比速度，我收获了快乐时光。"快点儿做作业，今天晚上可有个大好事哟！"听了妈妈的话，我连忙丢下手中刚吃了一半的巧克力，拎起书包，三步并作两步跑到书房，"砰"的一声关上门，飞快地做起作业来。不知是时间紧迫激发了我的潜能，还是我的潜能在这短时间内爆发了出来，我快刀斩乱麻般"唰唰唰"几下，就解决了所有题目。在这场速度的比赛中，我赢得了时间，获得了胜利。晚上，我开开心心地和爸爸妈妈一起美美地享受了一顿"电影大餐"。

和时间比耐力和坚持，我收获了荣誉。我五岁时，开始学习跳绳。刚开始，我连跳绳怎么握、怎么跳都不知道。偏偏"新手遇上绳调皮"，这个调皮鬼，一会儿在我手臂上留下一道红印子，疼得我哇哇大叫；一会儿，又突然把我绊倒，摔个嘴啃泥。真是气死我也！可这并不影响我要学好跳绳的决心。于是，我一天天地坚持着，一月月地坚持着。渐渐的，我和跳绳之间有了默契，我们成了好朋友。当我跳起来时，它总会从我脚下飞快地钻过，当我落下时，它又灵巧地"呼"地一下跑到我身后。绳子一前一后，一上一下，有节奏地转动，发出的"呼呼"声好像在为我加油。跳绳比赛时，它又成了我的战友，和我并肩作战。它"噼噼啪啪"地为我鼓掌，"嘟嘟嘟嘟"地为我吹响号角，我越跳越起劲，最后，我获得了跳绳比赛第二名。在这场与时间的比赛中，我用我的耐力和坚持，赢得了这场比赛的胜利。

和时间比认真，我收获了知识。以前的我，看书总是不认真。折折书页，时间便悄悄从我的指缝中溜走。发发呆，时间又大摇大摆从我面前走过。有一次，老师给我们讲了一个"头悬梁，锥刺股"的故事，我惊呆了，原来还可以这么认真啊！我心里想：我一定要和时间比一比，到底谁更认真！从那以后，我看书总是非常认真。一个字一个字地阅读，边阅读边思考，不懂就问。我慢慢地发现，书中有趣的东西可太多了！从书中，我认识了足智多谋的诸葛亮和发现万有引力的牛顿，知道了也许在地球之外还有其他的生命存在，还知道了太阳系最高峰——奥林匹斯山……在这场比赛中，我用我的认真赢得了时间，也赢得了知识。

在我成长的道路上，我将继续用我认真的态度，和时间比速度，拼耐力，战胜时间，战胜自己。

总有属于我的季节

董佳乐

秋叶把原本天蓝色的天空画上了一线金黄，舞动着，即使秋风送来了丝丝寒意，但红叶依然绽放。这是我的季节。

花季总是伴随着一丝的忧伤。正当我一个人漫步在一个无人问津的小花园里时，一阵带着凉意的风卷过我身边的老树。它那原本就不怎么粗壮的枝条在风中颤抖，少许叶片点缀在大树枝头，它看起来饱经风霜。我望着勉强站立的老树，心中不禁涌起了一个孩子特有的哀叹。在这种情况下，一棵老树怎么挺过冬日的寒冷，脚下的枯叶又发出清脆的咔嚓声，恨秋风之寒。

我就这样怀着惆怅和凄凉，极慢地走进那扇小门，一抹阳光特有的烈红，灼烧着我的眼睛。在脑中浮现的画面，一个个都灰飞烟灭，取而代之的是那棵挺拔的枫树。

在秋的凄凉场景中，竟还有如此娇艳和张扬的树！每片叶子都像展开的手掌，阳光被枝叶反射，伸向了不同的方向，周围的一切都被烤得火热而激动。面对这样的烈焰，再低沉的心情也能激奋起来，青春的火焰，正如这棵火枫，释放出能量掀起快乐的波浪。

年关大事

史昕怡

　　时间过得真快呀，一不留神又快过年了。这时，年长的人们都忙着打扫卫生、洗洗涮涮、准备年货；上班的人们更是忙忙碌碌，既要忙工作，又要做家务，他们上有老，下有小，该做的事情真不少。我的妈妈和两位姨妈都是职业女性，年关将至，她们同样也是忙得不可开交。

　　腊月二十六，我的姥爷突然感到身体不适，我们立即送姥爷到晋中二院进行检查。医生诊断，姥爷患的是心血管狭窄疾病，需马上手术。大姨妈是医生，有点儿经验，她预约了北京的专家为姥爷手术。手术前做了输液、消炎等一系列的措施和检查，家里人忙前忙后，昼夜陪护，虽然十分辛苦，但却没有半句怨言。特别是大姨妈，作为大姐的她很有担当，出钱出力她都走在前头。

　　过年前两天，姥爷进行手术。手术前，我们都反复鼓励老爷放平心态，别紧张、别害怕，现在科学这么发达，这么一个小小的手术不会有问题的。手术中，家人们守护在门口，焦急地等待着姥爷出来。最终，姥爷手术顺利，平安无事。一家人提到嗓子眼儿的心终于放下了。天下儿女都一样，姥爷的三个女儿陪姥爷渡过了难关，谁说女子不如男！

爸妈常对我讲，是父母赐予我们生命，给了我们享受精彩人生的机会，辛辛苦苦养育我们长大，教育我们如何做人。他们为儿女的忧而忧，为儿女的喜而喜，为儿女操碎了心，他们是最无私的，最伟大的，理应受到儿女的感恩和回报、社会的理解和尊重。孔子说"百善孝为先"，孝敬父母是我们中华民族的传统美德。我们每个做儿女的都要抽空陪伴父母，多给父母精神上的慰藉，让自己回首往事时无愧于良心，不留一丝遗憾。

年 来 了

孙浩轩

渐渐的，年来了。年味越来越浓，街道上、文化广场上、超市里、市场里，到处都是快要过年的气氛！

街道上人山人海，车水马龙。各式各样的汽车将马路堵得水泄不通，人们有的要去走亲戚，有的焦急地赶回家过年，还有的去采购年货。来来往往的人们手里都提着沉甸甸的物品，个个脸上都洋溢着欢乐的笑容。也许他们在盼望着自己的孩子快点儿回家过年，也许他们盼望着早点儿和家人团聚，也许他们正急着回家好好地欣赏欣赏自己的新衣服……街道两旁挂满了红灯笼，一排一排的，远远望去，红彤彤一片，活像一段长长的红丝带。

超市、商场里的年味也不甘示弱。超市里的物品琳琅满目，数不胜数，买东西的人也摩肩接踵。有的人在购买各式美味的食物，有的人在购买各种各样的生活用品，还有的人在购买五颜六色的蔬菜、水果等等，只要是你需要的东西，这里应有尽有！超市门口的收银台前，人们排成了一条一条的"长龙"，好像大家都急着要把超市搬回家一样。商场里的喧闹声中也包含着阵阵年意。有的人在那儿吆喝着叫卖、有的人在和老板讨价还价、还有的人急得一直催促老板快点儿给他们取货物。看来这个年，注定要过得热热闹闹！

年味最浓的地方当然要数文化广场了。在文化广场上，有卖春联的，大的小的，长的短的，各样的都有；有卖灯笼的，圆的方的，绸的纸的，我最喜欢的是各式各样的小动物灯笼；还有卖年画的，福禄寿全都有，画上的门神个个都是好汉。到处都是红艳艳的，而红色恰好代表喜气洋洋过大年。每当我走过文化广场，看到这温暖的红色，都会让我的心情愉悦很多！

快乐的新年

郑钧杰

天天盼着过年，因为过年好啊，有好吃的，有新衣穿，还有自由自在。一放寒假，好像年已来到一样。新年是自由的，是热闹红火的，是快乐吉祥的。新年来了，小朋友好像从无数的约束中解脱出来。早上，钟表声再也不会尖叫着闹我们起床。白天，我们可以把铅笔、橡皮关进盒内，把作业锁进书包，我们不用再喘着粗气拼命地锻炼。我们可以美美地睡到自然醒，可以舒服地看课外书、卡通片，可以尽情地看电视节目。这样的日子，连空气都充满了幸福的味道。

去看看烟火表演，到了那儿，只见人山人海、人流如潮，有的人戴着大棉帽，遮住了嘴巴；有的人把脸藏在围巾里；还有的把手缩进了大衣里。我心想：哇，这么冷的天怎么还有那么多人来看烟火表演啊！"轰轰轰""嗖嗖嗖"的声音从远处传来，烟火表演开始了。只见一个个烟火在空中爆炸，有的像笑脸绽开，有的像脚丫奔跑，有的像瀑布飞流，有的像菊花怒放……姹紫嫣红、五光十色，我看得眼花缭乱、应接不暇。再冷的天气也挡不住人们的热情，此时此刻，缩着的头仰了起来，裹着的脸露出了红光，缩进去的手也忍不住张扬了起来。黑色的夜空、彩色的烟花以及人们的鼓掌声、欢呼声汇聚在一起。最令我着迷的是有几个孔明灯从地面慢慢升向天空，忽然又燃烧着飘落人间，像仙女把一个个怒放的花朵撒向地面，又把它们吹向天空，最后像炙热的陨石一样坠落大地。最后天空中出现了一个大大的"福"字和一只威风凛凛的"大老虎"，像来到了森林仙境。"真美啊！"我不禁感叹，也希望新的一年里，自己也能像烟花一样越飞越高！

"爆竹声中一岁除，春风送暖入屠苏。千门万户曈曈日，总把新桃换旧符。"我喜欢过年，过年是幸福的，因为我们能在爆竹声中欢欢喜喜迎接新的一年；过年是快乐的，因为过年可以自由自在地玩耍；过年是热闹的，在热闹中人们迎来了新的春暖；过年是火红的，火红中充满了大家对未来的希望。

鞭炮响起来了，飘香的饭菜、屋里的欢歌笑语、屋外越飞越高的烟花，都散发出浓浓的亲情，幸福洋溢在四周，此刻年味飘香……

过 年

禹 尧

　　"当、当、当……"新年的钟声敲响了，家家户户的门上早已贴上了火红或金黄的对联，每一家的老老少少都乐得合不拢嘴。兴奋的孩子们有的目不转睛地盯着电视，品尝着一年一度的晚会大餐——春节晚会；有的急着给自己的长辈拜年，发短信，打电话，新年的祝福话语仿佛怎么也说不完；有的正在向自己的长辈们"讨要"压岁钱。屋外的鞭炮声此起彼伏，炸开了锅，五彩的烟花更是把这个特殊的夜晚点缀得绚丽多姿。

　　正月初一，农历新年的第一天迎着人们的喜悦祥和而来。我这个平时最赖床的懒汉，今天却起了个大早，因为我极想穿上我那美丽的新衣，出去好好炫耀一番。我要去走亲访友拜新年了，这无疑也是一件高兴的事。我们小孩子走在拜年队伍的前面，见到长辈们拜个年，说几句吉利话，就可以收获一大把的压岁钱，然后拿到街上去买自己喜爱的东西——玩具、零食、鞭炮……家长好像变了个人似的，对我们的放纵是那么的宽容！

　　这就是过年的感觉。

教　师　节

周淑娟

　　在这秋高气爽、瓜果飘香、果实累累的金秋九月，我们迎来了教师节，首先让我先在这里向全天下所有的老师说声：老师您辛苦了，祝您教师节快乐！

　　在我的心中，老师就像那温暖的阳光，滋润着我们；就像那明亮的路灯，指引着我们前进的方向；就像那高大的云梯，擎着我们向上攀登……

011

　　亲爱的老师们，你们是和煦的太阳，我们是含苞待放的向日葵，在你们的照耀下，我们茁壮成长；你们是香甜的雨露，我们是幼嫩的小草，在你们的哺育下，我们悄悄地享受着滋润；你们是辛勤的园丁，我们是一棵棵平凡的树苗，在你们含辛茹苦的培育下，我们终会成为参天大树。

　　亲爱的老师们，你们是人类文化的传播者，世界前进的推动者，人类灵魂的设计者。你们是春风，吹绿了一座座山头；你们是阳光，照亮了每个角落；你们是红塔，引导迷茫之中的我们遨游知识海洋；你们是红烛，把光热毫不吝啬地洒向人间。

　　谢谢你们给予学生们的关心与厚爱，谢谢你们为学生们的辛勤付出。学生一声亲切的问候、一封表露自己感恩之情的亲笔信、一张贺卡、黑板上一句祝福的话、讲台上一支鲜花或一杯茶、一封庆祝教师节的电子邮件，能够带给您节日的快乐和欣慰的感受。

让我们向尊敬的老师们再次深深地鞠上一躬，衷心地对我们敬爱的老师说一声：老师，您辛苦了！

教师节那天

刘宇婷

九月的天空飘溢着金秋收获的气息，教师节踏着轻盈的步子缓缓而来。在教师节来临之际，我想亲切地问候一声："老师，您辛苦了！"

随着清晨落叶的飘散，我们迎来了中国第三十三个教师节！

跟随着清风的脚步，我缓缓地走进了学校的大门。只见同学们手里都拿着五颜六色的袋子，欢声笑语地探讨着。仔细一问，原来他们手里都拿着礼物呀！走进班级，只听见同学们说着自己买的什么礼物，有的说红笔，有的说笔记本。总而言之，礼物是各种各样、千奇百怪的！

突然，班长在台上发言了："我们班要举办一个有关庆祝教师节的小典礼，送给老师！"我们异口同声地答应了。然后我们利用课间十分钟的时间，进行准备。到了中午，班长让各科课代表去办公室叫老师下来。老师们都下来了，我们也准备好了。哦，对了，告你一个小秘密：我们班的音乐课代表通过自己的能力制作了一首曲子送给老师们，并且在上午已经教会了我们班的一些女同学。老师们都进来了，五颜六色的纸屑从上空缓缓落下，与此同时，我们的小合唱团也唱起了歌曲。过了一会儿，我们班的每一个同学，都写下一句祝福老师的话，并且当场读了出来，让老师们非常感动，我们也非常开心。

这是我度过的最美好、最快乐的一个教师节！

老师，您辛苦了

高　琦

教师节，是老师的节日。在这收获和喜悦的季节，我们迎来了教师节，在这令人感动的日子里，这一刻，无论用什么言语、什么方式，也难以表达内心对老师的感恩之情。在这特殊的日子里，我想对老师说一声："老师，您辛苦了。"

在我们刚入校园的那一天，我们什么都不懂，什么都不会，是老师您，让我们学会了许多东西，懂得了许多道理。转眼间，一年飞快地过去了，我们已经学会了唱歌、做实验、说英语、做操、画画。老师，您就像一位辛勤的园丁，日复一日、年复一年地在我们稚嫩的心田里挥汗如雨，耕耘播种。老师您常说，有劳动就有收获，因此我坚信，在不久的将来，在您辛勤劳作的土地上，一定会硕果累累，桃李飘香。

在这个神圣的日子里，即便千言万语也无法表达我对您的感激之情。为了回报您，我决定在这个学期里，以百倍的努力去学习，为老师您献上一份大礼。敬爱的老师，您辛苦了。

祝　福

刘晴宇

光阴似箭，日月如梭。在这硕果累累的丰收季节，我们迎来了中国第三十三个教师节。

教师是伯乐，如果不是慧眼识才，岂能把一只只雏鹰送上高高的云际。生活中有太多过客，老师这个词或许渐渐尘封在我们的脑海中，金秋九月，我内心深处成长的痕迹微微泛暖。如果没有文学家，人生将无法与美丽的心灵共鸣；如果没有画家，人生将无法品味色彩斑斓的世界；如果没有教师，那么一个民族、一个国家文明的太阳将日薄西山。是我们的教师培育出千千万万的社会主义建设大军。

有人说教师的生命像一个长长的句子，艰辛是定语，耐心是状语，热情是补语，无私是谓语，奉献是宾语。有人说老师的生命像一个根号，跌跌撞撞地将自己的青春开无数次平方。而我要说教师如百合，展开是一朵花，凝聚成一枚果；教师是清晨，远望像一盏灯，近看似一团火。如果没有你，我们祖国的栋梁在哪儿？谁连夜帮我们批改作业？师德表天地，素心育人才。这就是人民教师，以蜡烛的精神、春蚕的行为、人梯的态度、黄牛的品格、蜜蜂的技能去燃烧、去吐丝、去架桥、去耕耘、去传播。时时想学生，处处为学生，终身以粉笔染白一心报国的精神，让未来之光永驻，让希望之树常青，让鲜花遍地开放，让绿树扩展年轮。这就是跨世纪人才培育者的心声，这就是创造性人才制造者的追求。辛勤的老师们为了孩子们的明天，为了祖国的未来，你们兢兢业业，任劳任怨，为教育事业奉献一生，你们的付出是无法用语言来描述和衡量的，从青丝到白发你们无悔，你们无怨，让我们再次把深深的祝福送给普天下所有的老师。

真心祝福你们青春永驻，幸福永远。

好书推荐

张瑜萱

"尊敬的老师，亲爱的同学们，大家好，今天我向大家推荐一本好书……"一年一度的读书推荐赛开始了，在这天气晴朗的日子里，学校组织各班举行读书推荐赛。

下午，同学们怀着激动、兴奋的心情来到学校，同学们在窃窃私语地交谈着这次让人期盼已久的比赛。这时，班主任来到教室，正式宣布比赛开始，班主任有条不紊地把乱成一片的我们"赶"回座位，并让参加比赛的同学们开始抽签，我也随手抽了一个。

比赛开始了，同学们一下子都安静下来，班里鸦雀无声，空气中顿时弥漫着紧张的气氛，快让我窒息。比赛的同学在讲台上绘声绘色地演讲，下面的同学津津有味地听着。看着一个个着迷的眼睛，仿佛像欣赏着哪个大师的艺术，其中马博宇同学演讲得绘声绘色，令人震撼，让人身临其境。

时间过得真快，一眨眼的工夫就轮到我了，我忐忑不安，六神无主，很不自信地走上讲台。讲台上的我，心里像塞了一团棉花，半天也发不出声。"不管了，重在参与。"我心里想。朗读开始了，我的紧张忽然就被抛到九霄云外了……

通过读书推荐赛，我明白了读书破万卷，下笔如有神。以后我要多读书，领悟书中的道理。哦，对了，课外活动也要多多参加哟。

灵魂的伴侣——书

郭钰沛

016

书，是精神的伴侣，是灵魂的居所，是人类文化的传承，是人类进步的阶梯。书是我们的灵魂，书是我们的生命。

正如古人云"书中自有颜如玉，书中自有黄金屋"。每当我孤独忧伤时，每当我失意沮丧时，书就像一位良师，让我接受知识的洗礼。那淡淡的墨香让我心儿陶醉，那清秀的字迹让我神清气爽，这时候，我不再徘徊，不再彷徨。

如果我是小草，书就是从天而降的甘露；如果我是白帆，书就是辽阔浩瀚的大海；如果我是小溪，书就是奔腾不息的江河；如果我是花儿，书就是辛勤栽种的园丁。

书教会了我如何去面对生活，给我一份轻松，给我一份平静。教我面对困难时，要沉着冷静；教我赢得成功时，要再接再厉；教我面对失败时，不能灰心丧气。

书可以陶冶我们的情操，书可以开阔我们的视野，书可以增长我们的知识，书可以避免我们浅陋直白，书可以消除烦恼郁闷，书可以防止浮躁贪婪，书可以治疗心理创伤，书还可以让心情宁静淡泊，书也可以让……

啊，书籍，你是多么让我魂牵梦萦，只有你才是我灵魂的伴侣。

读《爱的教育》有感

李雨菡

《爱的教育》是意大利作家亚米契斯的名著，是一本日记体的小说。书的内容是围绕主人公恩里克——一个四年级的小学生展开的。这本书中共有一百个故事，分别记述了恩里克的亲人、老师和同学们在一个学年中发生的故事。这本书用最朴实的语言，展示了人世间最伟大的爱。

书中讲述最多的还是恩里克同学们的故事。这些同学们各自拥有着不同的品质。有品学兼优、助人为乐的班长德罗西，有自强不息的卡罗斯，有朴实可爱的"小泥瓦匠"，有傲慢无礼的诺贝斯，还有让恩里克深以为傲的好友——具有正义感的加仑和帮助父母工作、分担家务、勤劳刻苦的克莱迪。

克莱迪是一个让恩里克羡慕的人。克莱迪家是开柴火店的，家里总是有忙不完的活，他总是在不停忙碌的同时，坚持学习，作业总是在干活的同时抽空完成的。他的衣服由于扛柴火，已经磨破了，肩膀

时间的音符

上也有了深红的印痕，可他总是乐呵呵的，从没有怨言。他很尊重朋友间的友情，和朋友闹别扭后，他总能首先承认自己的错误。克莱迪是个能帮父母分忧、懂事的孩子。克莱迪勤劳能干，热爱学习，虽然家境贫苦，仍能奋进读书。

读过克莱迪的故事，对照自己，我应该为父母分担更多的家务，我应该学习更努力，做人更宽容、更乐观，我应该读更多的书，学习更多的知识，培养更优秀的品质。同学们，都来读书吧！《爱的教育》是一本值得我们读的书。

我迷上了看历史书

张文彬

我最喜欢看历史书。

我最早接触历史故事是在七岁时，每天放学路上妈妈都给我放《上下五千年》的CD，我很喜欢听，听了之后就很想看历史书，我已经看过《吴姐姐讲历史故事》《图说天下——中国历史》《漫画史记》等等，知道了很多历史典故，从中获得很多知识，妈妈夸我是历史方面的专家，是历史小能手，我就更爱看了。

只要做完作业，我就捧着历史书看，有些书已经看过很多遍，我仍然反复地不厌其烦地看，看得津津有味。妈妈让我做历史知识小问答，发现有不会的，我就马上翻书寻找答案。有一次，我正在看《图说天下》，正看到秦末汉初时，国家大乱，各路英雄豪杰纷纷起义，其中有个叫刘邦的好汉在秘密策划如何打败敌人，看得正入神的时候，这时妈妈喊我吃饭了，我心不在焉地回了句"知道啦！"便继续看书，一直看到刘邦把自称为"西楚霸王"的项羽打败了，统一了中国，当上了皇帝，建立了汉朝，我这才感到肚子有点儿饿了，只好恋恋不舍地把书放下，去吃饭，发现饭菜都凉了。

我非常喜欢看历史书，书是我成长道路上的好伙伴，是我的良师益友。

友　谊

王　钰

友谊是冬日里的暖阳，友谊是森林里的小溪，友谊是沙漠里的绿洲。在生活中，我们处处离不开友谊，特别是同学间的友谊。

去年暑假，我跟着妈妈回了奶奶家。在奶奶家，我经常逗小猫小狗，经常骑自行车到处转悠，经常到湿地公园游玩。虽然生活过得很丰富，可我心里却感到空空的，好像少了什么似的，一点儿也不开心，时常会不经意地想起和同学在一起的时光。终于快开学了，要回上海了。在路上，我迫不及待地给赵宇昕打电话："赵宇昕，我今天下午3点10分左右就能回来了，你到时来我家玩，好吗？""好！"讲完电话，我憧憬着和朋友见面的情景，恨不得马上"飞"到家。到家后，我拿出家乡特产——杏脯、平遥牛肉干，跟她一起分享，她也带着糖果饼干给我。虽然我们的东西都不是特别稀奇的，也不是特别好吃的，但我们却吃得津津有味，因为我们品尝的是一种感觉，它的名字叫友谊。上学了，见到分别已久的同学，一股亲切感油然升起，心里感觉充实了许多。课间，同学们聚在一起，大家你一言，我一语，叽叽喳喳地说个不停：有的拿出旅游时拍的照片，有的滔滔不绝地说着自己的趣事，有的说暑假过得可充实了，有的说暑假过得无聊极了……开心快乐的日子又回来了。

我不知道缺少了友谊，人们的生活将会怎样？但是我知道，没有了友谊，我的生活将会失去光彩；没有了友谊，我的生活将会变得平淡无味。我会好好珍惜现在的友谊。

养　　成

王铭昊

养成一个习惯，需要二十一天。养成一个好习惯，受益终身。

我们要养成做事不拖拉、按时完成的习惯。我以前吃饭时拖拖拉拉，吃一吃，停一停，再玩一玩。这样对身体非常不好。又比如说我在写作业时，写写停停，写一个字，然后就在那里发呆，再写，再发呆。弹琴时，弹弹动动，弹弹说说。睡觉也不按时睡。时间就在我的拖拖拉拉中消失了，一去不复返。以后，我要早睡早起，按时完成作业，弹琴时一鼓作气弹到底。

我们还要养成良好的学习习惯。首先，要认真倾听。比如李教练讲课时，我们要专心听他教的一些技术和本领，脑子要跟上老师的节奏。其次，我们要认真复习、刻苦锻炼。最后，我们还要善于询问。如果老师讲的东西，我们没学会，可以多问老师和同学，不要不懂装懂，直到问会为止。接下来，要多向老师请教，多和同学交流。正如《学记》所说："善学者师逸而功倍。"做一个善问善学的小朋友，一定会有意想不到的收获。还有很多其他需要养成的习惯，比如良好的卫生习惯，饭前便后洗手；独立完成事情，自己的事情自己做，不依赖爸爸妈妈；与人和谐相处，关心别人，谦让不争吵等。

二十一天养成一个好习惯，行为决定习惯，习惯决定性格，性格决定命运。养成良好的行为习惯，我们会讨人喜欢，会收获满满！

坚持的启示

李雨菡

"有志者事竟成。"这句话的意思是人必须有恒心，这样才能成就事业。我的妈妈就是这样为我做榜样的。

自我入学以来，妈妈就开始读国学了！每天清晨，我都是在妈妈隐隐的读书声中醒来的。至今，妈妈陪我一起读过的有《千字文》《大学》《中庸》和《孟子》等等，两年来从没有间断过。现在，妈妈已经开始教我读《论语》了。

国学书中有大量的生僻字，常常需要注音和注释。因伏案时间过长，妈妈的腰椎病又犯了，疲惫的脸上笼着一层蒙蒙的青色，她一只手扶着腰，轻轻地呻吟着，另一只手执着笔依然在不断地写着……

听着妈妈断断续续的呻吟声，我的心也"突突"地跳了起来。我轻轻地走到妈妈身后，伸出小手，为妈妈捶腰，并轻声地劝妈妈休息一会儿。妈妈回过头微笑着对我说："依依乖。"手中的笔却不曾闲下来。"语言和文字是认识世界、开启智慧之门的一把金钥匙，只有坚持学习的人，才能掌握这把金钥匙。"听了妈妈的话，我似懂非懂地点了点头。

在妈妈的熏陶下，《大学》《学记》和《千字文》这几篇国学经典，我都已经会背诵了。每天坚持不懈地读书、识字，不仅帮助我克服了许多学习上的困难，更开拓了我的知识面，激起了我继续学习的兴趣。渐渐的，我终于懂得了坚持的意义。

"收获，就在你坚持的路上。"这是母亲对我的教导，更是坚持带给我的启示。

爱的传递

　　爱，如一片汪洋大海，我便是在海中嬉戏玩闹的小鱼；爱，如一片广阔的蓝色天空，我犹如在那里漂泊的一朵白云；爱，如一片未被开发的原始森林，我就是其中翱翔着的自由鸟儿……爱，无处不在。

爱要大声说出来

刘雅杰

爱，如一片汪洋大海，我便是在海中嬉戏玩闹的小鱼；爱，如一片广阔的蓝色天空，我犹如在那里漂泊的一朵白云；爱，如一片未被开发的原始森林，我就是其中翱翔着的自由鸟儿……爱，无处不在。

我是一个不太善于表达自己内心情感的孩子，即使在母亲节，我也像往年一般，送给母亲礼物后，傻傻地一笑，说："妈，母亲节快乐。"没有更多言辞，只有这一句。母亲惊喜地望了我一眼，本来因为工作疲惫的脸瞬间变得"流光溢彩"起来，她拆开了礼物，惊喜地低叹了一声，我看她这样，咧嘴傻乐了起来，母亲似笑非笑地瞅了我一眼："傻孩子。"

过了不久，母亲的生日便到了，我用攒了许久的钱买了一件早已选好的衣服送给了母亲，我想对母亲说点儿什么，我都长这么大了，似乎还没对母亲说过"妈妈我爱你"。想到这里我不禁有些后悔，后悔以前总是把对母亲最深沉的爱埋藏在了心底，那一抹温柔，始终为母亲留着，可惜我十三年都未对母亲表达过自己的心意，哪怕只是那五个字——"妈妈我爱你"。思及此处我再也忍不住了，将面前的母亲抱在了怀里，低声地对母亲说："妈妈我爱你。"妈妈与我相拥的身子突然一震，有些不可思议地望了我一眼，她脸上的表情很复杂，在这一刻，我突然明白了，一位母亲在亲耳听到孩子这一声"妈妈我爱你"后，是会感到多么兴奋又不可置信……

　　我暗自下定决心，要多对母亲表达自己的心意，也想告诉大家：爱，一定要说出来，如果藏在心里，那么除了你谁也不知道，也不会有人了解你那深沉的爱。

爱 的 力 量

贺诗渊

　　父亲病了，我无法想象一向健康强壮的父亲会生病，这简直在开玩笑！昨天他还跟我吵架，原因是我的成绩下滑太厉害。起初，他并没有想骂我，但看到我无所谓的样子，他头一次因学习对我发火。其实我也是关心成绩的，只不过是不表现出来而已。因为我甚至会害怕他因为我努力而表扬我。

　　其实我是很喜欢听到别人的表扬的，但是父亲是个例外，他的表扬，一向"刻薄"："还不错。"我听了总是觉得心里很不好受。父亲这么说，也有理由。第一，他不想让我骄傲；第二，他不想让我灰心；第三，他不善于表达，这真让我很不高兴，其实我知道他很爱我也是为了我好，但心中就像少了什么东西一样空洞。

　　此时，想到父亲生病，我感到忐忑不安。我拨出了母亲的号码，打通了，却支支吾吾地不知道该说什么。在母亲一连几个"喂"后，我问："你们还好吗？"母亲告诉我，父亲患了急性阑尾炎，周五会做手术。我不知道说什么好，人生第一次感到如此无助。"嘟嘟……"母亲切断了通话。

　　我不记得是如何走回家的，也忘记自己是怎样摸出手机给父亲打电话的。在我反应过来时，父亲的声音在我耳边响起。他的声音多了几分沧桑，熟悉而又陌生，我不经大脑思考就问出了心底一直想问的话："爸，你感觉什么样？我想你了。"之后，又是一阵可怕的安静。

　　父亲过了一会儿答道："我没事，你呢？"我说自己没事，就断了电话。

　　此时，我已经没有了起初的无力，而多了几分信心，我知道，有些时候爱是要大声说出来的。

一封永不会寄出的家信

李　菲

026

敬爱的爸爸妈妈：

　　这可能是我第一次给你们写信，而且我不知道有没有勇气将这封信寄给你们。毕竟今天现代通信工具如此发达，使人与人的距离拉得很近，但我确实有想对你们说，却难以开口的话。

　　你们永远是我敬爱的、尊重的父母，你们给予我生命、抚育我成长、教会我做人，给予我一切我需要的东西。你们是优秀的父母，甚至几乎是完美的，虽然没有催人泪下的故事，也没有凄惨动人的离别，但我依然有一千个理由在你们耳边说一千遍"我爱你们"。

　　我明白你们试图做我的朋友，但在我心里，父母和朋友是有界限的。当你们初为人父母时，便有了父母的威严、权力、义务。而朋友，是与我平等的、和我关系较好的人，当我们犯了错误，你们会"语重心长""苦口婆心"甚至"动手动脚"。朋友不会，他们只是在你后悔时安慰你，告诉你前方依然鸟语花香，道路依然柳暗花明。

你们为我计划好将来的一切，憧憬我无限"美好"的人生——重点初中、重点高中、重点大学，最好能考研考博……你们常教导我，外面的竞争如此的激烈，知识文化在今天是多么不可替代，努力学习才会有饭碗。这些我都知道、都明白、都懂。可是，走这条路代价太昂贵，无论经济上还是精神上，这我也明白。这条路我没有选择的权利，大到社会小到你们都不会同意的，所以我只能按你们为我铺好的黄金大道前进。

无论怎样，你们都是我最亲爱的亲人，即使我尚未为人父母，但我能理解你们百分之二百的付出和零索取，也许有一天，你们经意或是不经意发现了这封信，希望你们知道，你们的女儿是最爱你们的人。

此致
敬礼！

最爱你们的女儿

我又长大了一岁

孟 弈

过了这个生日，我又长大了一岁。现在的我，是一个十岁的小伙子了。

我不仅自理能力有很大的提高，而且还能帮着妈妈干活，什么刷碗、洗菜、扫地、拖地、整理房间，都不在我的话下。妈妈夸我越来越懂事了。我又长大了一岁，当然这打扫卫生、整理房间的事肯定不能再让妈妈操心了。一眼看去，我的房间是乱糟糟的，桌上的书本是零散散的，床上的被子是卷成一团的，衣服是皱巴巴的，简直像个猪窝。我自己看了都不舒服，别人看了更不舒服。于是，我就动起了手大干起来。先把桌上、地上、床上、角落里的废纸、杂物通通扔到了垃圾桶；再把小书桌上的书和字典分门别类码好，像做操一样把它们排好队，低的排前面，高的排后面；然后把衣服叠得平平整整，放回衣柜里；接着被子也被我叠得板板正正；最后我又把地扫得干干净净。虽然我累得满头大汗，但看到我的房间齐整整的，桌子上的书本齐刷刷的，床上的被子规规矩矩的，柜子里的衣服一层层的，地上拖得明晃晃的，我的心里像喝了蜜一样甜滋滋的，妈妈看了也乐呵呵的。

随着我的长大，我不仅能做好自己的事，还能帮着妈妈做事，我最喜欢帮妈妈刷碗。吃完饭，不用等妈妈提醒，我就赶紧收拾碗筷。我小心翼翼地捧着满手的碗筷走进厨房，把它们轻轻地放进水池。又在水池里倒了一点儿洗洁精，拧开水龙头。水冲下来，化开了洗洁精，成了满池的泡沫。我左手拿碗，右手拿清洁球，小心翼翼地刷着。可是手一滑，碗就从我手里游到了水里。刷到碟子的时候，我感觉碟子比较油。我的泡沫手捏不住油碟子，恨不得再长只手出来帮忙。看着简单的刷碗，做起来还真是不简单啊。费了九牛二虎之力，终于完工了。妈妈喜滋滋地看着我，说："有这样的儿子真好！"

时间一天天在过去，我一天天在长大。而我体贴妈妈、帮助妈妈、照顾妈妈的事也会随着我的长大做得更好。

一件小事

梁巍浩

那是一个下午放学的路上，绵绵的秋雨持续了好几天，乌云像盖子似的罩着大地。路上的行人匆匆地往家赶。我打着伞，背着沉沉的书包，走在本来很宽但是被卖奶车和私家车占去一多半的人行道上。

这样的天气，我早把平时的贪玩丢到了九霄云外，只想快点儿回家。然而，路被前面一老一小挡住了。老人大概是小女孩儿的奶奶或者姥姥，矮小而驼背的奶奶挎着一个红色的包，撑着伞高高地举着，左右不停地摆动着，生怕让边跳边唱的小孙女淋着雨。我由于赶路心急，好几次想冲过去都没有成功。只因女孩儿唱唱跳跳太投入，奶奶陶醉于孙女的表演，她们丝毫没有察觉后面有人要通过，不慌不忙地始终挡在我的前面。也许是回家心切，也许是天色阴暗，我开始讨厌她们。也真是的，要唱要跳回家去不好吗，再说了有什么好欣赏的。

无意中女孩儿头往身后闪了一下，她猛然间悄悄靠近奶奶小声说了句什么。然而奶奶仍然沉浸在"幸福"中，分明没有靠边走的意思。女孩儿立刻拉了一下奶奶的衣角，仰头说："奶奶，让哥哥先走，让哥哥先走。"马上跳到一边，让出挡住的路，这时奶奶才发现她们所犯的"错误"，不好意思地笑了笑说："对不起，对不起。"当时我被女孩儿的言行所打动，细细打量着她。她大概上幼儿园吧，梳着短短的头发，圆圆的脸，五官没有什么出众的地方。然而她看着我的一双眼睛却是含着歉意和羞涩。虽然她很小，但却那么善解人意。我为刚才的"讨厌"而后悔。

回到家，可爱的小脸还时时在我眼前，脑海里始终丢不开那一幕。生活里有许多事情让人感动，不同的是这件小事让我在感动中萌发一棵包容的嫩芽，我会让它在心中成长。

人间真情

乔天鑫

童年的故事犹如天空中的星星，数也数不完。现在，我就挑一颗最大最亮的来给你们讲讲吧。

记得，那是我七岁时，我的书包背带开了。于是，我吵着嚷着，非让妈妈和我去买一个新书包。妈妈无奈之下，只好放下手中的活，跟着我上街去买书包。一路上，我蹦蹦跳跳走向书店。一路上我都想着新书包的样子，心里有说不出的喜悦。当我们快走到文具店前，我看到好多人围坐在路边。我的好奇心一下子就蹦到了嗓子眼儿："妈妈，前面在干什么呀？"

"不知道，不然我们进去看看吧。"我们走到路边，挤进人群。

眼前的一幕让我惊呆了，一个小姑娘，穿着破烂的衣服，背着破烂的书包，蹲在一张白纸上。白纸上写着：求学费。我的眼睛湿润了，抬头看了一下妈妈。妈妈仿佛读懂了我的心意一般，给了我二十元钱。我放到了小姑娘的前面，小姑娘抬起头来连忙谢我。我说不用谢，人都会有困难的时候，互相帮助一下就过去了。 周围的人看了我的行动，也都纷纷拿出了自己的钱包。五元、十元、一元……顿时小姑娘的纸上便洒满了点点爱心。我走出人群，终于忍不住哭了起来。等我哭声停止后，妈妈低下头来问我还买不买新书包。我连忙抬头回答说不买了，人家连上学的机会都没有了，我的旧书包，补补也能继续用。妈妈向我投来赞许的目光。

我们继续向前走着，这次不是走向文具店，而是走向了回家的路。

照顾鸭子记

刘萱萱

外婆住院了，不能帮我照顾小鸭子了。我答应外婆，要自己照顾好它们。

那是两只金黄金黄的小鸭子，毛茸茸的，像两个黄色的小绒球，摸上去又柔软又温暖。它们走起路来一摇一摆、一摆一摇的，又像两只笨拙的企鹅先生，可爱极了！照顾它们，最重要的一项内容就是喂吃的。每天放学一回家，我把书包往椅子上一甩，奔向厨房，把温水和米饭搅拌好后放到鸭子的饭碗里。小鸭子立刻两眼发光，扑棱着小翅膀，嘎嘎嘎地跑过来，把头埋下去，欢快地吃起来。一阵鸭子嘴巴在饭碗里"叩叩叩"的声音传来，一眨眼工夫，满碗的食物只剩下一点儿渣了。嘿，真是两个十足的小吃货呀！只有正餐可不够，有时候我还会带着小吃货们去"打牙祭"——吃蚯蚓大餐。一到楼下，它们就"嘎嘎嘎"地飞奔进草丛里，一会儿啄啄草，一会儿拱拱地，一会儿呱呱嘴，好像在说："小主人，小主人！大餐在哪里呀？我怎么找不到呀！"看到我挖出一条细长细长的蚯蚓，它们立刻放弃了自己的搜索，围了过来。一头东，一头西，各咬住蚯蚓的一端，拔过来，扯过去，你不让我，我不让你，好像在"拔河"。最后，平分秋色，大餐被拉成了两半，它们心满意足地开始享受自己的"牙祭"了。饱餐以后，小吃货变得脏兮兮的了，该洗澡了。放好水，我把小鸭子抱进盆子里，它们兴奋地扑腾起翅膀，"嘎嘎嘎"地游上了泳。昂着头，仰着嘴，不长的小脖子也弯出个小弧度，好像在说："小主人，快来看，我也会曲项向天歌。"我把沐浴露滴在手心，搓出一串串小泡泡，搓出一阵阵香气，抓过来一只小吃货，就要开始搓澡了，可小吃货却不领情，扭着脖子，使劲张着翅膀，一心只想逃离我的"香爪"。嘿嘿，哪里拗得过我，一阵折腾之后，小鸭子变得干干净净、神清气爽，毛变得越发柔顺闪亮了。

跟小吃货们在一起，日子过得飞快。在我的精心照顾下，它们长得越来越精神，越来越可爱。我想外婆回来，也一定会心情大好的。

夜读《三国演义》

薛嘉懿

窗外，明亮的月光洒进屋子，安静的夜晚，只有蛐蛐儿在独自鸣唱，真是一个读书的好时候呀，我独坐书房，挑灯夜读《三国演义》。

我捧着沉甸甸的《三国演义》，抚摸着它凹凸不平的封面，发黄的扉页透着一股神秘的、历史的气息。我的心，仿佛是钱塘江的大潮，渐渐澎湃起来。此时，我捧的不是书，捧的是厚重的文化；我翻的不是书，翻的是中国的历史。窗外，蛐蛐儿仍然在独自鸣唱；风儿，软绵绵地拂来，但我的心却更加澎湃了。趁着月色正浓，我掀开了这段历史神秘的面纱，开始了我的三国之旅。

三国历史是波澜起伏的。一会儿，连环计让我激动不已，无恶不作的董卓会有什么下场呢？一会儿，曹操下江南又让我紧张不安，他们的士兵水土不服，是否能挺过来呢？一会儿，桃园结义的山盟海誓，又让我对他们的报国豪情，暗暗钦佩。王允巧妙的计策，吕布的勇猛，曹操的沉稳，刘备的厚德，都使我为之感慨。曹操和袁绍的官渡之战，更是让我的心里"咚咚咚"敲起了大鼓，头顶也渗出了冷汗。袁绍的人马多，曹操的计策良，到底鹿死谁手，花落谁家呢？但袁绍精兵十万，气势十分，我不禁为曹操担心起来，他们的人马那么少，能抵挡住袁绍的进攻吗？我的心，像大麻花一样，扭成了一团。但曹操却沉着冷静，使用奇策——袭击袁绍在乌巢的粮仓，还切断袁绍的运粮通道，终于让袁绍灰头土脸、落荒而逃了。此时，窗外，月光更明亮了，蛐蛐儿的叫声，更欢快了，仿佛也在为曹操的奇策欢呼，那摇曳的树影，仿佛就是胜利后欢呼雀跃的将士。

三国历史是充满智慧的。曹操献刀杀董卓，虽然没有成功，但他的智慧与勇气已将我深深折服；诸葛亮舌战群儒，力排众议，说服大家共御魏军，让我拍手称快。"空城计"更是一绝了。话说，蜀军出征之后，城里的士兵所剩无几，尽是些老弱残兵，这时，司马懿却突然来袭，我的心一下子提到了嗓子眼儿，怎么办呢？难道蜀国就这样覆灭了吗？不用担心，智慧的诸葛亮一定有妙计。果然，他利用司马懿多疑的特点，装作若无其事的样子，在城墙上悠闲地弹琴，还把

033

爱的传递

城门大打开，让几个士兵扮成老百姓的样子在城门口扫地。司马懿一看，慌了神：怎么会这样？难道城里有埋伏？他感觉事情不妙，只好退兵了！这样，诸葛亮巧施计策，刀枪不动，就让司马懿败兴而归。要是换成我定会惊慌失措，蜀国早就灰飞烟灭了。此时，月亮藏进了薄薄的云层，蛐蛐儿们也停止了叫声，仿佛都还没有从刚才的有惊无险缓过气来。

夜色已深，我轻轻地放下《三国演义》，生怕惊扰了书中的英雄们，带着对他们的敬仰、钦佩，和对中国历史的感叹、自豪，我进入了梦乡……

读《宝葫芦的秘密》有感

钱丁丁

这个周末，我看了一本书，叫《宝葫芦的秘密》。

一个叫王葆的同学无意中钓到了一个宝葫芦。刚开始，王葆用宝葫芦实现了很多愿望，有零食，有水果，还有玩具，想要什么有什么，别提多神气了！可后来，宝葫芦也给他带来了很多麻烦：和同学们下棋，他会多出一个子儿；和同学打牌，别人会少掉一张牌。这都是宝葫芦捣的鬼。还有一次，数学考试，王葆正抓耳挠腮、不知所答时，宝葫芦就来了个偷梁换柱，把同学的试卷换成了他的名字。害得王葆在老师、同学面前抬不起头来。最后王葆意识到了错误，大胆地把宝葫芦的秘密说了出来。宝葫芦便羞愧地消失了。

读了这个故事，一开始我想，如果我有这样一个神奇的宝葫芦，该多神气多开心啊！后来我又想，如果因为有了宝葫芦而不能和伙伴们下棋打牌，那该多孤单啊。而且，如果得到的东西是从别人那里偷来的话，我与小偷有什么两样呢？所以，最后还是决定，宁愿不要这个宝葫芦，也要做一个诚实的人，一个靠自己双手实现愿望的人。

《霸王镰刀手——螳螂》读后感

姜轶轩

在"法布尔昆虫记"系列丛书里，我最喜欢的是《霸王镰刀手——螳螂》。

螳螂长得非常特别。它有三角形的脑袋、又尖又细的嘴巴、大大的眼睛，无论你在哪个角度看它，它总是在看着你。它的头上还有两根"天线"，简直就像个外星人。它那镰刀般的前脚上面有锋利的锯齿，可以自由伸缩，从不同的方向出击，抓捕昆虫。

螳螂特别会隐蔽自己。它把自己变成一朵花，站在花朵上；它把自己变成一片枯叶，躲在落叶中；它把自己变成树皮或树枝，像树杈一样站在树枝上……还有一种兰花螳螂，它会模仿成一朵非常漂亮的兰花，倒挂在花上，静静等待着猎物的到来。

螳螂在擂台比赛中，是最引人注目的常胜将军。它能把那些向自己挑战的昆虫们打得落花流水，不仅如此，它还将自己的手下败将一口一口地吞进肚子里，哪怕是体形庞大的蝗虫，也能轻而易举地打

爱的传递

败。

螳螂很有耐心。它会悄悄地躲在草丛、花朵或树叶后面，收起两把"大镰刀"，抬头，挺胸，静静地注视前方，一旦猎物靠近，立刻用闪电般的速度抓住它们，然后津津有味地吃掉。

螳螂虽然厉害，但却是个目光短浅的家伙。有个成语叫"螳螂捕蝉，黄雀在后"，螳螂一心想吃了蝉，但它却不知道，它的后面有只黄雀正虎视眈眈地盯着它呢。所以我们不能像螳螂一样，只看到眼前的利益，去做损害别人的事情，不知道危险也会随之而来。

甜

周　胜

036

太阳隐没在层层叠叠的高楼之后，泛着淡黄的霞光，城市在霞光的笼罩下渐渐告别了喧嚣，迎来了夜的宁静。我坐在床上，靠着枕头，口中嚼着甘草，感到一股甜味涌上来，看着手中捧着的《核舟记》，心里越发的甜。

还记得四年级时，语文书上"七八个星天外，两三点雨山前"让我喜欢上了唐诗、宋词，那一年背了不计其数。可在我把《初中生必背古诗五十首》中的诗词背得差不多了，我就对它们失去了兴趣。妈妈让我尝试背古文，可我觉得太难了：这么长的文章，又不是现代汉语，我怎么可能背得下来呢？贴在门上的《滕王阁序》铺上了一层灰，床头的《出师表》也被墙壁渗出的雨水湿透，最后在刮墙补漏时清理掉了。我还是只能背诵《出师表》开头的一小节，对我来说，太苦了。

五年级下学期的一天，妈妈给我拿来一张图片，图片上是一只近似木头雕刻的小舟，妈妈说，它是一只桃核刻的小船，我端详着，妈妈开始念一篇我从未听过的古文。好奇的力量使我凑了过去，瞄到了"盖大苏泛赤壁云"，顿时来了兴趣，从妈妈手中抢过，读了起来。

我十分吃力地读了一遍，有许多字不认识，更困难的是，不知它是什么意思。妈妈不急着给我翻译，倒是先给我讲起它的结构来。我把文章的结构看懂了，不等妈妈翻译，我又猛读起来，心中有一丝丝甜味。

读到"闭之，则右刻'山高月小，水落石出'，左刻'清风徐来，水波不兴'"，我脑海中浮现出夜晚赤壁的景象：一轮明月升到半空，但和嵩山上的黑影相比还是有些渺小；夜晚潮水渐渐退了下去，露出些许礁石，硕大的礁石映衬着清冽的月光，在岸边十分明亮；一阵阵凉爽清风从江面上徐徐吹过，水面上波光粼粼，如同一件白银铠甲，铺在群山之中……

妈妈发现我对《核舟记》很感兴趣，从网上找来了《核舟记》的音频，每当我没做作业时，妈妈就把它点开播放，连我上厕所时，妈妈都会把声音调大一点儿。这样，不到一周，我就能背大部分了。

我忽然觉得古文十分有趣，不再像曾经那样苦闷、干涩了，而是有一种隐隐的甜。文章我已十分熟悉了，拖着妈妈给我讲意思，妈妈看我兴致勃勃，便要求我每天读，我自然就答应了妈妈。每天读的时候，我和妈妈总是来扮演角色，当念到"其两膝相比者，各隐卷底衣褶中"时，妈妈和我坐到一起，膝盖紧紧贴着，妈妈左手握着书，右手指着书，我右手也握着书，左手搭在妈妈的肩上。为了达到"隐卷底衣褶中"的效果，我们还会拿一本稍大些的书。

最甜的时候，是背到"右手攀右趾，若啸呼状"的时候。最初，妈妈做了这个动作，坐在椅子上，右手握着右脚，好像很舒服的样子，来告诉我这句话的意思，我马上就记住了。后来，每次背到这里，妈妈的动作总是引得我"仰天长笑"。

不到两周，我奇迹般地背下了这篇几百字的古文。曾经，古文背诵是我的一大难题，属于哪怕经过百年千载我都不会去瞟一眼的，如今，它成了我的家常便饭，成了那时我生活中最甜的事……

熟悉的《核舟记》又在耳畔响起，看着手中的《核舟记》，不禁吟起来，心中是浓浓的甜。

《潜艇总动员3》观后感

李知涵

十岁的少年，对小时候曾一直吸引我的动画电影，已经感觉幼稚了。但暑假里，我仍然兴高采烈地走进了影院，因为我的身边，还有一群我的朋友。

来到影院，我们自己买零食、换票，在黑暗的影厅里，依然小声地争吵着，分享着零食。电影开始了，故事的情节还是千篇一律——寻宝、探险。阿力和贝贝听说了彩虹宝藏的传说后，毫不犹豫地踏上了寻找宝藏的路途。可当我看到一路上历尽艰辛，但是没有一个人提出放弃时，我深受感动。我不禁想到了自己：我树立目标时，却总是怀疑这个目标的可实现性。比如这一段时间，在见到熟人时，大家在夸我长高的同时也不约而同地为我的驼背感到担忧，然后我就下定决心，非把背扳直不可。于是，我开始贴墙壁站立，走路的时候抬头挺胸。但是，不知道什么时候，肩就不自觉地又耷拉下来了。妈妈提醒我，还觉得烦。通过这部电影，我认识到，只有梦想是不够的，比有梦想更重要的，是有行动并能坚持！

电影中，温馨的场面层出不穷，当海马家族露出真面目，跟随独眼鲨而去却遭独眼鲨坑害而性命难保时，阿力和贝贝不计前嫌，帮他们逃过了难关；当海狮豹哥悔过自新，他们毫不犹豫地伸出援助之手，把他拉出了深水坑……友谊真正含义：真正的朋友绝不局限于酒肉茶，他们会在你伤心时给予拥抱，在你遇到困难时给予真诚的帮助，在你成功时给予一个祝贺的大拇指……我想，阿力和贝贝最终找到的宝藏，不仅仅是金币。比金币更无价的，就是这纯真的友谊。黑暗中，我看到朋友正看过来的眼睛，相视一笑。有朋友在，真好。

故事是简单的，但简单的故事中包含着最深刻也最重要的道理。宝藏不是藏在海底，而是在寻找的路上。勇于追求梦想和拥有纯真的友谊，不就是人生最珍贵的宝藏吗？

039

苹果里的星星

李雨菡

星期日的阅读课上，我们学了一篇课文叫《苹果里的星星》，我很想知道苹果里的星星是什么样子的。回到家中，我来不及放下书包，就急着对妈妈说："妈妈，妈妈，苹果里有小星星，苹果里有小星星！"

妈妈疑惑地看看我，拍拍我的头说："小依依，小星星在天上呀！"

在我的央求下，妈妈拿出一个苹果，照着课文里的方法横着切了一刀。

"哇！苹果里真的有小星星！"苹果一切两半，每一半的中间，都是一颗五角星。

妈妈说："原来小星星不只是在夜空中，还在苹果里。"

我拿起半个苹果，飞快地跑到里屋，把小星星指给爸爸看。爸爸说："每一颗小星星，都有一个美好的愿望。苹果里的小星星，一定是让每一个吃苹果的人平平安安。"

"我也想让爸爸、妈妈、爷爷、奶奶……让每一个人都平平安安，幸福快乐！"我高兴地说，"那，我也是颗小星星！"

040

心追梦想，展翅飞翔

史鹏程

说到梦想，不同的国度、不同的人群、不同的年龄、不同的阶段都会有的。那么，什么是梦想呢？

梦想是人们对美好未来的构想，是不懈追求的目标和奋力前行的动力。翻阅我国古代史，我为古老的中华民族而骄傲，因为中国发明的火药、指南针和造纸术等传遍了世界，一串串科技之光在世界各地熠熠发光，促进了人类社会的文明与进步，这是我们的祖先怀揣梦想，勇于探索的辉煌成果。近百年来，面对西方列强、国内外反动派，我们的前辈们胸怀必胜的梦想，坚定必胜的信念，冒着腥风血雨，历经千难万险，打败了敌人，挺起了胸膛，挺直了脊梁，硬朗朗地站立在世界的东方。改革开放以来，全国各族人民为响应党的号召，实现中华民族伟大复兴的中国梦，凝心聚力，风雨兼程，敢走前人没走过的路，敢做前人不敢想的事，靠科技兴国强军，用智慧走向成功，使我国取得了举世瞩目的辉煌成就，迈进了世界强国的行列。

同学们，我们的前辈们牢牢抓住时代梦想，共同创造了共和国的荣光，为我们做出了榜样。我们——新中国的少年儿童，是祖国的希望，民族的未来。虽然，我们还小，现阶段的主要任务是学习，但我们也要胸怀大志，牢记中国梦，要把个人的小梦想融进国家的大梦想。我们要刻苦学习，储备知识，增长才干，脚踏实地做好每天的事，每一件事，时刻准备为中国伟大复兴的宏伟大梦出大力，流大汗，为我国的辉煌历史再添光彩。

041

少年朋友们，中国梦就是我们的梦，实现中国梦也有我们的份。我们怎么样，中国就怎么样，实现伟大复兴的中国梦我们也要担当。最后，我想引用梁启超先生的话作为结束语："少年智则国智，少年富则国富，少年强则国强，少年进步则国进步，少年雄于地球则国雄于地球。"我们要洒一路汗水，饮一路风尘，嚼一路艰辛，让梦想的种子在心中长大，在实现中国梦的征途上贡献力量。

中国梦，我的梦。我要心追梦想，展翅飞翔！

我和爸妈吃包子

王铭昊

我见识了店铺老板包包子。只见他们手起包落，拿皮、点馅、一聚、一揪、一扭，包子成了一朵小花。在这一起一落之间，一屉屉包子就快速地包好了。包子们像是一个个要上战场的士兵一样，非常精神，排着整齐的队伍站在蒸笼里。

我们的包子来了，热气腾腾地腾云驾雾而来。一股诱人的香味，迎面扑来，先是淡淡的，后来由淡变浓，直钻我的鼻孔，包子还没到嘴，口水已经流下三千尺啦。

包子端上来，我抄起筷子，一夹、一咬、一吸，"哧溜"一声，那美味的汤汁，像千军万马一样涌入嘴中。这带着汤汁的肉馅，香香的，肉馅肥而不腻，瘦而不硬。细腻润滑的口感，让我的胃口大开，左一个，右一个，一会儿就吃得肚子鼓鼓。

这美味、漂亮的天津包子，皮薄肉多，汤汁鲜香，让人回味无穷。

文具盒里的故事

刘媛佳

　　小主人买了一个新的文具盒 ，文具盒里装着水笔、钢笔、尺子、铅笔和橡皮等文具。

　　在一个宁静的夜晚，风吹过树梢，叶子发出沙沙的响声，人们都已经进入了梦乡。这时文具盒里的水笔打破了这份宁静。它说："我是文具盒里作用最大的 ，小主人经常用到我。我也没有像钢笔那样麻烦，每次用完了墨水要重新吸墨，还搞得自己全身脏兮兮的。"

　　钢笔听到这些愤怒地说："我虽然比较麻烦，需要不断地吸墨水，但每次我吸足了墨水就可以用好久，不像你，墨水用完，你的'使命'也就结束了。"

　　这时，铅笔和橡皮也不甘示弱，它们异口同声地说："我们才是最有用的，小主人从一年级开始就使用我们了，我们使用非常方便，如果有错了，我们能配合得十分好，很快就能清除错误的笔迹，而你们呢？只能用胶带纸或修正带才能清除笔迹，这样多麻烦呀。而且在考试时，如果没有我们铅笔家族的2B兄的话，小主人在涂答题卡时就拿不到分数了。"尺子温柔地说："在数学课上，如果没有我就不行了，老师要用尺子画线段，学生则要用尺子来做作业，我们尺子多么伟大啊，所以我觉得我是最好的。"这时文具盒发话了："好了，你们大家别吵了，每个人都有长处和短处，我们要取长补短，互相请教，而不是吵来吵去，争个你高我低。"

　　夜更深了，文具盒里的故事结束了，大家都各就各位准备迎接新一天的到来。

捣　蒜　泥

天　骐

　　"五一"劳动节那天，妈妈要做一道蒜泥拌黄瓜，我自告奋勇捣蒜泥。

　　首先是剥蒜。我先把蒜头的外衣一层一层剥下来，再把蒜瓣兄弟们的内衣一一脱去。脱了衣服的蒜瓣像一个个白白胖胖的小娃娃。接着就是捣蒜了。我给娃娃们洗了澡，把它们放进蒜臼里，拿起蒜槌就使劲地捣起来。可娃娃们一点儿也不老实，上蹿下跳地纷纷逃跑，有的甚至跳到了地上。我直埋怨："真不听话！"妈妈听见我嘀咕，叫我到厨房，把娃娃们全放在案板上，用刀一拍，娃娃们全扁了，再把它们放进蒜臼里，撒些盐。妈妈说："再试试。"我一试，娃娃们果然听话了。我用力捣啊捣，胳膊都酸了。当蒜臼里发出"吧唧吧唧"的声音时，妈妈说行了。啊，蒜泥终于捣好了！最后，我把蒜泥拌入妈妈弄好的黄瓜里。我深深一闻，蒜香直蹿入鼻孔；吃了一口黄瓜，辣辣的、脆脆的，好爽口。

　　嗯，那天的蒜泥拌黄瓜特别好吃！

特别的你

　　你的脸本来就很小，却戴上一副大大的眼镜，配上你那头短发，显得脸只有巴掌那么大。你瘦瘦小小的，声音却很洪亮，我们全班四十多人，你的声音一响起，所有人的声音全被你遮盖住了。你经常神出鬼没的，一会儿飘到前，一会儿飘到后，一会儿走到左，一会儿走到右，谁要是做个小动作，你一下就能抓到。

我们又被罚了

张伟江

每天，我们班上的捣蛋鬼们都会给我们全班同学带来许多不同的惊喜。而每次惊喜出现时，老师就像神一样出现在教室门前，呵呵，相信你们已经猜到了，没错，惊喜就是有同学因为说话和捣乱被老师发现，并且给予相应的惩罚。

这不，今天"厄运"就又降临到了我们头上。今天下午，太阳又像把地面烤熟了一样，天气十分的热。我像往常一样来到教室。不料，没过几分钟，教室里就乱得一团糟，比菜市场里还要嘈杂几百倍。整个教室里回荡着令人抓狂的声音。当然，我们班的班长是绝不能容忍的。他管人的时候，很多同学都不在乎，视而不见，气得班长火冒三丈。他愤怒地大吼一声："都别吵了，别影响他人学习。"那一刻我感觉整个教学楼都在颤抖。我缓了好久才缓过神来。班长管了好一会儿，整个教室里还有各种各样的噪音。后来，他使用了强制措施"武力威胁"，才让班里好不容易安静了一会儿。

"叮咚，叮咚……"写字时间开始了，有些淘气包看到老师没有进教室，便大胆地说起话来。突然，老师愤怒地推开了教室门，怒不可遏地给予了我们不一样的"奖励"。过了一会儿，又开始了嘈杂，同学又开始了小声说话。唉，还真是屡教不改。老师又一次推开门，给了我们更厉害的"教训"。过了一会儿，我明白了，说话不能太没有节制，要适可而止控制自己。

丰富多彩的课余生活

刘佳文

我的课余生活丰富多彩，像天上的云彩争奇斗艳，多姿多彩。

不必说那"你来我往、互不相让"的乒乓球世界，也不必说那让人身心得到安宁的墨香世界，单说那"车马纵横"的象棋世界，就让人心生向往……

中国象棋是我国古代宝库中光芒璀璨的一颗明珠，它集兵法、文化与智力于一体。千百年来，它经久不衰，经过棋手们的不断构思、实践、总结、提炼，逐渐成为我们中国文化的一部分。

而我就喜欢下象棋。记得第一次下棋，我简直乱下一通，总是输给妈妈。但我认为，人间没有跨不过的山、越不过的海，我开始了"走火入魔"的象棋之路。每天一放学，就把头埋进棋谱堆里：观棋局、练残局、思开局……因为我知道"书籍是人类进步的阶梯"。

半年后，我和妈妈又对战了一次。

我当头炮开局，妈妈进马保卒，我立即进马快攻，妈妈横车破我直车，我马上进炮防守，我们旗鼓相当，不分胜负。我用了一招强攻，妈妈马上回防，我立刻还击，用屏风马，妈妈就用当头炮对抗，我用大列手炮，妈妈左炮巡河抓马，我只好退下兵阵，改强攻为防守，妈妈马上把当头炮改成龟背炮，我只好用上了双车错杀法。看见妈妈有一点儿防御漏洞，我立刻冲了过去，妈妈用单子炮挡住了，不过我不怕，起炮在中宫，用了以柔克刚的打法。这下，妈妈的棋子被我打得落花流水！

因为打败了妈妈，我开始沾沾自喜，决定要和外公下一局。我的心跳得真快，还是一样，当头炮开局，外公也打当头炮。怎么回事？妈妈不是说外公很强吗？我看也不过如此，于是开始轻敌了，结果还没几招，就被杀得片甲不留！

我只好回到自己房间反省思考……第二局再度来袭，一回生，二回熟，果然，我将外公打败了！之后，我越战越勇，开始向爸爸宣战。开始，我马上就用了小列手炮，爸爸不怕，用巡河车抓炮，我没多考虑，扬相谋车！他只好退车，我又用上了马后炮杀法，爸爸不甘示弱，用双马饮泉，无奈！我只好挂角马强攻，可恶！没注意，炮死了！真是心急吃不了热豆腐。就在我垂头丧气的时候，那些棋子好像在说："加油、加油，别泄气！"它们的鼓励，激发了我体内无穷斗志！我马上坚定起来，因为我心中已经有了光明的方向，我开始认真起来，步步为营，终于取得了最后的胜利！

有时，胜利离你只有一步之遥，只要你迈出那坚定的一步。同时，你要知道，你每一次的努力都是你的成长的光辉，你每一次迈出的步伐都是人生的必经之路。

丰富多彩的课余生活，不但带给我许多快乐，还让我学会了坚强，让我得到了勇气，这才是最可贵的。

寒暖就在身边

王　涛

　　春寒料峭的四月，太阳投下片片金辉，给予人们的，只是无济于事的温暖。零星的有几个人点缀着操场，不由得浑身一震，皮肤上出现一层密密麻麻的鸡皮疙瘩。我坐不住了，穿上衣服，跟上几个同学。才走几步，忽然身后有人喊我们。扭过头，原来是体育老师，他见我们转过来，停止了呼喊，前后摆动起手臂，示意我们几个过去。

　　倏地吹来一阵清风，夹着杨柳的清香，吹进我们的心，暖暖的。走到体育办公室门口，树叶不再沙沙作响，暖渐渐地退去，紧跟着的是一丝寒。站在老师面前，我们如同四个新兵，等待长官检阅。阳光下，老师眯着眼看着我们四个，抹了一把脑门儿上的汗，又咽了咽口水："你们几个力气大些，愿意留下来帮忙收拾操场的，向前跨一步，我喝口水，马上出来。"老师绕过我们，走进办公室。

　　我想中午事情不多，离开饭有半个多小时，现在上去教室里肯定吵吵嚷嚷，不如收拾会儿操场，让心平静下。我把想法说出来，一向爱做清洁的锐没等我说完，用小声而又滑稽的语气叫道："好呀！好呀！我们什么时候开始呀？"班长被逗得哈哈大笑，以至于嘴角弯到眉毛："哈哈，我也参加。"我们被春天的暖包裹着，看似严严实实，实际上还是有漏洞。"我不怎么想扫。"毅这句话带着些许寒意，冲破了温暖，席卷着我们的心，他的眼神与我们的温差有个十几度，"跑了四百米又跳了绳，扔了沙包又跳了高，我实在是没力气了。你们扫吧，我先上去了。"正要往前走，班长的手搭在了他肩上，咧嘴微微笑了笑："教室里的同学们都在聊天，以你的性格，你上去，只是虚度半个多小时的光阴，与其虚度光阴，不如留下来扫扫操场，帮帮学校，你说，这不是更好吗？"班长不愧是班长，他声音给人一种亲切感，然而在这亲切中，不难听出一丝责备。毅停下来，抬起头，眼球转了转，又退到原位："好，算我一个。""一、二、三！"班长喊着口号，我们四个整齐地跨了一步，站到操场内侧，个个脸上都挂着迎春花般稚嫩温暖的笑。

老师从办公室出来了，走到我们面前，左手拿着水杯。也许是因为看到我们那么积极，眼睛瞪得大大的——我在心里这样想到。然而，实际上并不是这样，老师站稳了，"语出惊人"："你们怎么回事，不愿意帮学校忙吗？"一席话，我们听了面面相觑，惊讶得"垂汗三尺"，成了四个丈二和尚，全都摸不着头脑。我觉得根本不是这样，很不服气，抬起头："没有啊，我们都愿意啊！"然而老师却笑了笑："你们愿意，也得表现出来，倘若你们真愿意，我怎么没看出来？"在这场斗争中，班长一直低着头，保持沉默，好像在思考着。"我不是说向前一步走吗？你们一个都没走。"老师补充道，眼神有一丝"凶神恶煞"，瞪得我不敢抬起头与他直视。毅抬起手，刚要说，班长揪了揪他的衣服，示意他别冲动，又向我们摆摆手："你们都先安静，我知道怎么回事了，我来说。"毅放下了手臂，看着班长，我们耳边只剩心跳声，等待班长发言。老师点点头："好，你说。""是这样的：我们都愿意，我们都向前跨了一步，从内道跨进了操场。"班长指了指身后的跑道。老师走到我们右边，看看我们又看看跑道，仿佛在努力回忆着刚才我们站的位置。"嗯，确实是这样。"老师走回我们面前，眼里流出一丝歉意，"对不起，错怪你们了，去扫吧，扫完赶快上去吃饭。"

又一阵风，满载着春的暖，扑面而来。沉浸在化解误会的温暖里，我们迅速地收拾完了操场。我想，如果生活缺少误会的化解，那就不是温暖的生活，而是冷冰冰的。从那以后，我明白了一个道理，拒绝和误会是寒冷的，但不是绝对的。当遇到同学说"不"的寒，多考虑考虑，变成说服后的暖；当遇到被老师误会的寒，多沟通沟通，变成误会解开了的暖。

自 我 介 绍

泰 然

我的名字叫泰然。我的脑袋大大的，很小的时候，别人就爱叫我"大头"，同伴们常拿这首歌谣笑我："大头大头，下雨不愁，别人有伞，我有大头。"我的眼睛圆圆的，像一对可以骨碌骨碌转的黑珍珠。我的鼻子是妈妈遗传给我的趴趴鼻，像一个扁平的小沙堆，别人一看妈妈和我就笑了，说一看鼻子就知道我是我妈妈亲生的。我的耳朵小小的，圆圆的，但是非常灵敏，同一层楼的邻居不管是开门还是关门，我都能听得见。我的小嘴喜欢说话，大家都爱叫我"话包子"。因为挑食，所以我是个身子瘦瘦的小男孩儿，全班同学中，就数我和陈曦最瘦。我的皮肤白白的，在我脸上和耳朵上都能看到细细的毛细血管。

我的性格很开朗，遇到开心的事情，哪怕就是一个小小的笑话，我都喜欢哈哈大笑，遇到特别开心的事情，我会开怀大笑，把肚子笑痛了还停不下来。我是个聪明的孩子，特别喜欢背诵。王老师要求的成语接龙、课文，爸爸要求的唐诗、宋词，我都能在较短的时间背下来。去年在我们班举办的"亲子阅读交流会"上，我流利地背诵了一首"中国历史记忆歌"，赢得在场听众们雷鸣般的掌声。

我喜欢看书，而且看得很快。我喜欢看《我们爱科学》《儿童文学》《伊索寓言》《安徒生童话》《海底两万里》……从这些书里，我了解了一点儿航海的知识，明白了许多科学的原理，懂得了要改变贫穷困苦需要做哪些努力。我还喜欢跳绳和转呼啦圈。我可以围着小区的院子跳一小圈，每次都跳得气喘吁吁、满头大汗。我喜欢转大的、细的呼啦圈，最多一次能转二十多圈。转圈的时候，我像蛇一样扭动，扭动着屁股，扭动着腰肢，使圈保持在屁股与腰之间，我特别喜欢这种锻炼身体的方式。

这就是我——泰然，一个可爱、活泼、调皮的小男孩儿，你愿意与我做朋友吗？

052

少儿成语大会

张　佳

今天，妈妈带我参加了由春梅阿姨组织的少儿成语大会。

本次比赛有十位参赛选手，其中有四位是主持人。我和我的小搭档萌萌既是选手又是主持人，另两位主持人是来自其他学校的淇淇和饶兆宇。裁判和摄影记者也是小朋友哦，这真是一场名副其实的"少儿成语大会"。比赛分红、蓝两队，我和萌萌在红队。小选手们都做好了充分的准备，胸有成竹，信心满满。第一轮比赛是"你说我猜"，每对选手分别说猜四个成语。第一轮比赛结束时，蓝队暂时领先，虽然红队落后了，可是我很淡定，因为我们还有机会呀，我相信后面我们一定会追上来的！ 第二轮比赛是"争分夺秒"，每对选手在五分钟时间内说猜十个成语。台上的小朋友紧张地你说我猜，台下的小朋友热烈地鼓劲加油，快点儿啊，再快点儿啊！时间快到啦！蓝队最后一次说完时，正好和红队的比分持平。但是我们红队还没说完呢，还有一次机会。只要红队成功猜出一个成语我们就赢啦！萌萌在说最后一个词时，她刚说出"谎话"两个字，我就立刻猜出"三人成虎"，因为我已经知道她要说什么了："谎话反复说就变成真的了。"

最后，红队以23∶17的比分获得了冠军，蓝队获得了亚军。每个小朋友都开开心心的。在回家的路上，妈妈对我说："你今天表现很好，妈妈说的要求你都做到了。"我听了心里乐开了花。妈妈因我的努力而表扬我，我因妈妈的表扬而会更加努力。

这次成语大会让我们学到了成语，得到了锻炼，获得了奖品。希望每年都会有少儿成语大会哦！如果选手在三届少儿成语大会都没有被淘汰，请组委会给他颁发一个少儿成语大会终身VIP卡！

特别的你

泡　茶

王棋凯

　　今天，老师给我们布置了一个任务，那就是泡茶。

　　晚饭过后，我迫不及待地开始张罗泡茶。外婆帮我从厨房拿来了茶叶和开水，有了开水、茶叶，首先我从茶叶罐里取出一些茶叶，把它放到一只玻璃杯中，接着提起开水壶，小心翼翼地把开水倒进玻璃杯。霎时，一股热气升腾而上，伴随着腾腾热气，一片片的茶叶就像一只只可爱的小蝌蚪在杯中四处乱窜，此起彼伏。渐渐地，有几只小蝌蚪不再乱窜，变成了慢悠悠地转动，转着转着，它们有的转到了水面，有的沉到了水底，还有的游到了水中央。没过几分钟，这些小蝌蚪又好似被施了魔法，变得特别翠嫩，一个个似乎又变成了一条条的小绿舟在慢慢地划行，美极了。

　　大约过了十五分钟，茶水变成了清澈的黄绿色，像被涂了颜料，清清的，黄黄的，又绿绿的，很漂亮。我轻轻端起茶杯，用鼻子凑上去闻了闻，有一股淡淡的清香好像流进了我的心里。我忍不住抿了一小口，苦苦的，却又甜甜的，口中留下了一股很清香的抹茶味道。记得听外公说过，茶还有药用价值，它味甘苦，却有明目清心、解热止渴的作用呢！

　　我学会了泡茶，从此也爱上了茶香。

游　园

曹　蓝

正月初九，因为天气原因推迟的广北小区游园活动，终于要开始了。上午9点，小区广场上就传来了阵阵欢快的音乐声。我急切地跑出门，拉着楼下小哥哥的手，向小区广场跑去。远远望去，广场上人山人海，热闹非凡。来到广场，只见小区里的居民们脸上洋溢着喜悦的笑容，三五成群，热烈地交谈着，时不时还会爆发出欢笑声。身穿制服的社区工作人员，正在跑前跑后为游园活动忙碌着。

广场中央，正在进行的项目是"旱地龙舟"，长长的充气龙舟也透着节日的欢快。威严的龙头轻轻摇摆着，仿佛在向人们表达节日的问候，龙舟上高高翘起的龙尾，神气地向人们招手致意。在龙舟背上有五对把手，是供参赛选手使用的，比赛时，五名选手骑在龙舟上，提起把手，使龙舟离开地面，向前移动。

轮到我们儿童队上场了！因为我们身材不高，力气太小，裁判员阿姨把我们分成两组，每组十人，分别站在龙舟的两侧，每人提着一只把手。"预备，开始！"随着裁判员阿姨的一声令下，我们用力提起龙舟，快步跑向终点。一出发，我们组就遥遥领先，在接近终点时，我们组突然有人摔倒了，我们的速度慢了下来。"加油！加油！"周围的观众热烈呼喊着，为我们鼓劲，摔倒的选手顽强站了起来，快速地跟上队伍，我们向终点发起了冲锋，在观众的加油声中，到达终点。虽然这个项目我们没有赢，但让我懂得了顽强拼搏、团结合作的意义。

紧接着，下一个项目"企鹅漫步"登场了。这个游戏是个人项目，规则是用双腿夹着一只彩色的皮球向前跳跃。我双腿夹紧皮球，站在起点线上，在裁判员阿姨的口令声中，快速地向前跳跃。比赛中，有的选手刚一出发，皮球就掉了，还有的选手把皮球掉了好几次。在接近终点时，我的皮球突然也掉了，我快速地捡回皮球，继续比赛。终于，在这个项目上，我获得了第二名的好成绩，裁判员阿姨微笑着给我发了一张奖券。比赛中的失误并不可怕，坚持就是胜利。

我抱着奖品，和小哥哥开心地笑着，走在回家的路上。这真是一次快乐的游园活动！我不仅获得了奖品，还收获了人生中珍贵的启迪：团结和坚持。

056

拔 河 比 赛

刘佳文

今天，学校举行了一次激烈的拔河比赛。

比赛是三局两胜制，我们的对手是三年四班。

第一局开始了。耳边听见裁判一声令下"开始"，我马上进入状态，抓起绳子，狠狠地向后拉。站在我后面的同学也一个个咬紧牙关，使劲地拽。我们的对手三年四班也不是好对付的，只见他们的脸红扑扑的，双手紧握着绳子，身子用力向后倒。围观的同学都在为我们呐喊助威，就连在天上飞翔的小鸟都喊着："三年五班加油！三年五班加油！"这时，我们的力量已经发挥到了极点！只听见"嗖"的一声，一股强大的力量带着我们向后退。太好了，太好了，我们赢了！大家欢呼着，蹦跳着，每个人脸上都笑得像一朵花。

第二局，我们又开始了龙虎之争。啊！我们一不留神让四班抢走了先发制人的机会。"可恶！"我在心里暗骂道。唉，算了，心急吃不了热豆腐。不好，四班同学趁大家不注意时，他们的手变成了一只"大钳子"，把绳子一点儿一点儿地拉了过去，这会儿已经来不及了，不管我们怎样用力都无济于事了。这局我们输了。

最后一局，我们十分努力，因为这是决定胜负的一局。刚开始四班占了上风，不一会儿，我们扭转了局势。哎呀！四班又用了那招"金刚手"，我们也使出了绝招"倒挂金钩"，他们用"魔鬼爪"进攻，我们就用"螃蟹功"防守，他们用"闪电手"偷袭，我们就蹲马步站稳，就这样你来我往不分胜负。最终我们决定加赛一局。

加时赛，我们一上场就用了"十八铜人阵"，他们反击用了"反十八铜人阵"，真是防不胜防，你拉我就扯，你拔我就拽。忽然，四班同学的眼神一下子火热起来，"钓鱼式杀法"，这是他们的必杀技！我们的绳子被忽地抢了过去，就在这千钧一发之际，我心中忽然有了数，立刻摆出了"倒挂金钩"的姿势。一、二、三，绳子拔回了一点儿，大家看到了，也像我一样用"倒挂金钩"，将绳子一点儿一点儿往回拉。加油！加油！我们每个人都用了九牛二虎之力。在我快倒下的时候，我听到了震耳欲聋的欢呼声。"赢了，赢了！""三年五班最棒！"……是的，我们赢了。

最后，我们要和三年二班进行最终决赛。"开始！"我们把绳子一点点地向后拉，二班迅速反击。我们要给他们点儿颜色看看，与他大战三百回合。可是当我们拼命拉扯，发现他们依然安然无恙后，我们立即改变策略。果然我们发现了他们的弱点，进行了几回强攻。哈哈，他们败下阵来了，我们夺得了最后的冠军！

这是一次激烈的拔河比赛，它让我终生难忘。

特 别 的 你

启 睿

杨青老师，你知道吗？你在我心中就是最特别的人！

你的脸本来就很小，却戴上一副大大的眼镜，配上你那头短发，显得脸只有巴掌那么大。你瘦瘦小小的，声音却很洪亮，我们全班四十多人，你的声音一响起，所有人的声音全被你遮盖住了。你经常神出鬼没的，一会儿飘到前，一会儿飘到后，一会儿走到左，一会儿走到右，谁要是做个小动作，你一下就能抓到。你讲课也很特别，讲成语故事喜欢谈古论今。一次你讲"扬长而去"，你说和同事一起聚餐，发现你两碗饭都已经吃完了，他们却连半碗饭都没吃完，还在边吃边聊，边聊边吃！你等得实在不耐烦了，放下筷子，拎起包，推开门，就"扬长而去"了！你讲作文时经常讲你自己身上的故事，比如：大象喷水事件，国外旅行遇节假日事件，漏水事件，摩托车醉酒事件……

其中，最特别的是拍照事件。你在海洋公园里拍照，不小心拍到一个长得不那么好看的女人，她愤怒地拿起胸前的照相机，对着你"啪啪啪"一顿狂拍，闪光灯不停地闪着，你顿时眼冒金星。直到那

058

个女人走远了，你还呆在那里！

希望我也能成为特别的你的一个特别的学生！

搞笑老爸

朝　阳

我有一个搞笑的老爸，他总会给我们家带来快乐。

老爸跳舞的时候很搞笑。每当我学会了一支舞，就会教给我爸爸。看，他开始表演了！只见他左手一伸，右手一伸，两手一起晃起来，身体也摇晃起来，像一个快乐的大猩猩。他的左腿一伸，右腿一抬，像大猩猩在走路。他跳得很搞笑，逗得我和妈妈哈哈大笑。

老爸的记忆力很差，总是听了下句忘了上句，非常搞笑。我们经常玩"一人说，一人比画，一人猜"的游戏。有一次，我说了一句诗"泥融飞燕子"，我妈妈比画，爸爸猜。

妈妈说："我们小时候经常玩什么？"爸爸说："泥巴。"妈妈说："第一个字。"爸爸说："泥。"

妈妈说："冰变成水叫什么？"爸爸说："融化。"妈妈说："第一个字。"

妈妈做了一个小鸟飞的动作，爸爸马上猜到："飞。"妈妈说："OK。"

妈妈又做了一个小鸟飞的动作，爸爸说："小鸟。"妈妈说："不对，它的尾巴像剪刀。"爸爸说："哦，燕子。"

"把他们连起来吧。""泥化飞小鸟。"爸爸说。我和妈妈哈哈大笑。妈妈摇摇头，爸爸想了三分钟说："泥融飞燕子。"妈妈说："正确。"我和妈妈笑了，爸爸也拍了拍头笑了。

爸爸虽然搞笑，但做事很认真。每次出去旅游，他都要写个小纸条记录要带的东西。回来时要按照小纸条收拾东西。我也学会了这种方法。

这就是我的老爸，一个搞笑又认真的人。

父爱的味道

袁　哲

060

父爱，就像是一道酸、甜、苦、辣、咸五味俱全的菜，有时让你心酸，有时让你放声大哭，但是，更多的时候，他会让你从心里头甜到脚趾头。

亲爱的爸爸，我是您精心培育的一株小草。从我出生开始，您总是陪在我的身旁，谢谢您为我的付出。但是，今天，我有很多藏在心里的话想对您说，请让我一吐为快吧！

您总说，人要有各种本领，才能在将来的社会上随机应变获得成功。可是，现在已经快十二岁的我，在你眼里，还只是一个三岁的小孩子，是一只在爸爸妈妈的保护下才能成长的小小鸟。所以您处处管着我，处处限制我。可是，您知道吗？我多么向往在草地上无忧无虑地玩耍，多么向往能像那小鸟，在蓝天下快乐地、自由地飞翔。

父亲的爱，就像一道又苦又涩的凉拌苦瓜。

记得有一次，全家人刚吃过饭，忽然我的同学打电话来找我去玩。我满怀期待地征求你的意见："爸爸，我想去跟同学玩……"我还没有说完，您吼道："玩，玩什么玩，玩个屁，作业写完了啊？快要四年级结业了，你还玩！"我愣住了，爸爸您知道吗？那一刻，我的心仿佛在被虫子啃食，我感觉到心中有无数个洞在流血。我机械般地回到书桌上，打开书本，一边看一边掉眼泪。我怎么想也想不到爸爸为何要大动肝火，我一遍又一遍地想：不就是出去玩一会儿吗？我到底做错了什么！我越想越不明白，越想越生气，越想越委屈。眼泪打湿了书本，被打湿的字，一个个都变成了您的脸，扭曲着，咒骂着，重复吼着您刚才说过的话。

父亲的爱，就像一道又酸又甜的糖醋排骨。

您还记得去年暑假的小记者夏令营吗？那次，妈妈给我报名参加"我是一名小海军"舟山夏令营。出发时，您说的第一句话不是祝我玩得开心，而是："你小子给我老实点儿，不然回来打烂你的腿！"我的好心情顿时烟消云散，心里也酸涩无比。夏令营的第三个晚上，您开天辟地第一次打来电话，说道："儿子，玩得开心吗？"我有点儿呆了，爸爸也会问这个，难道爸爸"洗心革面"了？想到这儿，我立马开心地说："没事，我玩得很开心，还当上了小组长呢！""真的？那太好了，儿子，爸爸为你感到骄傲！祝你玩得愉快。"我对爸爸的怨怼顿时变成了无限的好感，挂掉电话，我心里像吃了蜜一样甜，开心得在床上翻起了跟头。

爸爸，我知道，您是想让我学习用功努力，将来能出人头地。可是，我现在只是个想拥有天真快乐童年的小孩儿。爸爸，我能理解你的良苦用心，但是爸爸您能也多多地理解我吗？

父爱这道菜，其中的甜我记忆最深刻，也最喜欢。

061

我的爸爸

陈嘉乐

我的爸爸是一个严厉而慈祥的人。

他喜欢各种运动，如羽毛球、篮球和足球等，但他最喜欢的还是乒乓球。于是，爸爸就给我也报了一个乒乓球班。因为刚开始我不喜欢打乒乓球，所以爸爸只好天天硬把我送到学校。就是因为爸爸在体育活动上对我十分严厉，所以我才会逐渐爱上乒乓球，在球技上有很大的提高。

他不但对我在运动上严格要求，在学习方面也十分严厉。每次我粗心大意做错题，爸爸总是让我抄上三四遍；每次我遇到不会的难题，他总是一遍遍地耐心给我讲，还举一反三，给我出同样类型的题让我做。记得有一次，我因为急着要玩，便迅速地写完了作业，拿给爸爸看，我刚想走人，他就叫住了我，怒气冲冲地对我吼道："你写的这是什么呀！'认真'的'真'少一横，'太阳'的'太'少一点，丢三落四的，字还写得那么潦草！"说完就把我的作业给撕了，把我关在书房里让我重做。我顿时眼含泪花，泪水像雨点一样"滴答""滴答"地落在地板上。认认真真地完成作业后，爸爸又检查了一遍，这才满意。

但爸爸也是有慈祥的一面。当我生病时，爸爸总是关心地问东问西，给我沏药时，总是细心地为我准备一碗蜂蜜水，来冲淡舌尖上的苦。每当我情绪低落沉重时，爸爸总是安慰我，让我开心，让我高兴，鼓励我，使我心情不再那么沉重。

我有一个如此完美的爸爸，你们喜欢吗？

玩溜溜球

杨蓉蓉

外婆从辽宁回来时给我买了一个溜溜球，我很喜欢玩。

我的溜溜球是红色的，非常漂亮。它有两个直径大约六厘米的圆球体，中间挂着一根绳子，只要一转，就会发出七彩的光。

玩溜溜球很有趣。我先把中指伸入绳子上的套圈里，并握住球，注意绳子要在手指前面，而不是后面。再把手臂抬高，手背朝前，然后用力把手臂往下，同时松开手，球自动飞下去，一直空转。这种空转，也叫作"睡眠"。等到速度慢下来时，手腕微微往上一提，球就回到手中。最先，我把球甩出去，不料却没有收回来。我急忙用力，可球还是在下面一直打转。我没有灰心，接连练了几次……终于，功夫不负有心人，突然甩出去的球，神奇地收回来了。

后来，我和爸爸一起上网查找溜溜球教学大全，我们发现空转是最重要的。而且，如果往下甩时过度用力，球会先回到手里，再往下空转，所以我们一直在练空转。有时，溜溜球会倾斜，好像马上要碰到地面了，这时它会发出红色的光，并发出"嗞嗞嗞"的声音。

慢慢地，我从上上下下八个回合练到十五个回合，从"睡眠"练到"卫星接收"，我会继续努力训练，争取成为溜溜球高手。

一场精彩的足球赛

蔡 菜

"丁零零！丁零零！"

放学了！"小海，我们去踢足球吧。反正今天的作业都写完了，来个精彩的比赛吧。"一个十岁的男孩儿和他的同学商量着。"好啊，我们去找些朋友来，一起比。"他回答。

于是，一场精彩的足球比赛开始了。随着裁判的哨音响起，前锋开始传球，传给了小海，小海又传给了小光……双方队员们在场上积极地奔跑着，明媚的阳光洒在每个人的身上，脸上满是晶莹的汗水。

一个戴着黑色手套、满头是汗的男孩儿，弯着腰，手放在膝盖上，好像受了一点儿小伤。可他这个守门员却不肯下场，依然坚守在球门前。

"哎呀，快点儿，快有人下场吧，我已经等不及了。"一个候补队员在场边焦急地自言自语，迫不及待地想上场一展身手。"哥哥加油！不要让他抢到了你的球啊！加油！"一个可爱的小妹妹在场外不停地挥手呐喊，为了她的哥哥可以赢得胜利。

夕阳把大地染成了鲜艳的橘红色。这场小足球赛就在这红色中接近尾声。最后一次的进攻，小海带着球传给了小明，最后传给了小光。小光知道自己的这一球是打破平局的关键。"哇！""球进了！"胜利的一队欢呼着，输的一队纷纷来祝贺他们，随着小裁判一声哨音这场精彩的足球赛落下了帷幕。

"怎么这么热闹啊？"一位叔叔下班回来，听见了欢呼声，过来一看，原来是小海他们在比赛中赢了。他坐下来后，回想起自己小时候也在踢足球，回忆起那些让人开心、难以忘怀的友谊赛。

这真是一场精彩的足球赛！

我与"兄弟"的故事

新　亮

065

我有一位身着黄金战甲、威武雄壮的好兄弟，它笔直的脖子上有许多纽扣大小的按钮，脖子上方有一个黑色的小嘴，下方是一个U形的、碗口大的嘴巴，里面会发出各种各样的声音，有时好像轮船的鸣鸣声，有时好像汽车的嘀嘀声，还有时好像铃铛的叮叮声，但大多数还是美妙动听的声音。你们已经猜出它是什么了吧？对了，它就是我最喜爱的乐器——萨克斯！它就像我的好兄弟一样与我形影不离，每天除了吃饭、睡觉、上学我都和它在一起。我以为自己很了解它，然而我竟然不知道它有一项神奇的作用，这就要从我妈生病说起。

有一次妈妈头疼发烧，病恹恹地躺在床上，她皱着眉头，双眼紧闭，看起来极为难受、极为痛苦，我给妈妈吃了药，喝了水，可都不见效。我绞尽脑汁想，到底用什么办法来缓解妈妈的疼痛呢？突然，

特别的你

我脑袋灵光一闪，不如就给妈妈吹一首曲子吧，我拿起我的好兄弟用心地吹了一首又一首悠扬的曲子，尽管我口干舌燥，但一想到能为妈妈减轻痛苦，我还是坚持了下来。经过我长时间的吹奏，突然听见妈妈慢悠悠地说："儿子，你休息一会儿吧，我的头已经好多了，谢谢你啊！"听到妈妈的话，我阴云密布的心情转向阳光灿烂、心花怒放，这功劳都要归功于我的好兄弟呀，没有了它，我妈妈的头疼也不会好得那么快！

但是我也有厌倦我兄弟的时候，因为我每天都要雷打不动地练习它，所以有时会感到枯燥无味，但自从我看了那场精彩的演奏后，我决定改变以前的想法。

那是一个周六的上午，我和妈妈一起去逛商场，忽然看到许多人围在一起，于是我挤上前想看个究竟。只见一位中年男子正在台上用萨克斯演奏《梁祝》，那柔和、优美的声音让我听得如痴如醉，我仿佛看到了梁山伯与祝英台化作蝴蝶翩翩起舞的景象。一曲演奏过

后，台下响起雷鸣般的掌声，我迫不及待地跑到后台问中年大叔是怎样练的，有没有什么技巧，那位大叔微笑着告诉我："其实也没什么技巧，熟能生巧而已，只要你不厌其烦刻苦练习，你也会像我一样得到这样多的掌声和喝彩！"听了大叔的这番话后，我下定决心，也要每天和我的好兄弟一起认真练习，正如古人所说：积土成山，风雨兴焉；积水成渊，蛟龙生焉……

我与我的好兄弟已经走过了四年，一千多个日夜，三万多个小时，现在我已经分分秒秒不想和它分离，还想和它继续演奏我的快乐人生！

有趣的静电

薛嘉懿

生活中，我们会到遇到很多有趣的自然现象，静电就是其中一种。

有一天，上课的时候，卢老师拿了一张卫生纸，从中间撕成两半，再重叠起来，再撕，如此反复几次之后，原本好好的一张纸就变成了一堆小碎片。然后，她又从包里拿出一把塑料尺，放在头上，伸进头发里，用力地来回摩擦，尺子在头发里发出"沙沙沙"的声音，我们把眼睛瞪成了铜铃，一眨不眨地望着老师，心里疑惑不解：卢老师葫芦里卖的什么药呢？这时，只见卢老师慢慢地把直尺接近那堆纸屑，小纸片就像踩在弹簧上面一样，争先恐后地往上跳。有的，在空中时快时慢地转着圈；有的，一蹦三尺高，在空中跳起了华尔兹；还有的，想极力跳上尺子，但却在要成功的时候，被其他小纸片挤了下来，它不甘心，在桌子上弹了一下，继续往上跳，终于跳了上去……这堆纸片怎么了？难道是被卢老师施了魔法？我就像一只渴望啄破蛋壳的小鸟，迫切地想知道答案。过了一分钟，小纸片都跳到了尺子上，就像为尺子穿上了一件白色的外衣，我们的眼睛瞪得更大了。看着我们惊讶的表情，卢老师告诉我们：其实，这就是静电。

原来，我们生活中会遇到很多静电，这些静电，大部分是通过摩擦产生的，当我们把塑料尺等物品，放在毛巾等这类物体表面来回摩擦时，就会产生静电，又轻又小的纸屑自然就被吸起来了。冬天，脱去毛衣时，也是这样，当你慢慢把毛衣脱下时，你就会听到"噼啪噼啪"的声音，接着你就会看到一道光影一闪而过，这也是静电。这个静电又从哪儿来呢？这是因为，脱衣服时，衣服之间相互摩擦产生了静电，而且，冬天的天气比较干燥，更有利于静电的产生。

虽然生活中有很多静电的现象，但我对它的认识还是很肤浅，我以后要通过查资料、做实验等方法，去进一步了解这个有趣的现象。

带"电"的气球

李欣博

今天王老师给我们上的科学课，是做了一个关于气球的实验。你们猜猜，是个什么样的实验呢？

王老师准备了一个粉色的气球、一根橡皮筋和一些碎纸片。她先拿出气球，把它吹得鼓鼓的，大约像人头那么大，用橡皮筋把气球口扎住，然后放在衣服上，上下摩擦约五到十分钟，然后把它轻轻地放到碎纸片上。奇迹发生了，我看到碎纸片被气球吸上去了。全班都发出惊叹的声音。王老师要求每个小组合作完成这个有趣的实验。我们小组成员有我、曹梓欣、李冠儒、黄盈杰，一起做了这个实验。黄盈杰先吹气球，曹梓欣扎皮筋，李冠儒把气球摩擦在衣服上"叽叽"地响，我试着把气球用来吸纸片，果然碎纸都被我拿着的气球吸上来了，实验成功了，大家高兴地笑了。接着我们再做了一次，又成功了。正在大家兴致勃勃的时候，王老师提醒大家结束了。

下课后，我一直在想，这是为什么呢？回家查了书，发现实验原理是这样的：所有的物质都是由原子组成的，原子又由原子核和被原子核吸引的电子组成。原子核带正电荷，电子带负电荷，平时两者所带电荷相等，因此原子呈中性，也就是"不带电"。当原子吸收一定量的外来能量（比如摩擦）时，一些电子就会脱离原子核的束缚"逃跑"，原子便因为失去了电子而显电性。同时得到电子的其他物质也就带上了静电。气球与王老师的衣服摩擦后，衣服上的电子会跑到气球上，使气球表面带上静电，所以这时的气球就可以吸引碎纸片了。

这些科学实验真是太有趣，我希望王老师能天天上科学课。

倒立的杯子不漏水

高 敏

今天上午的第四节课是科学课，王老师给我们做了一个"倒立的杯子不漏水"的实验。

王老师先准备好实验的材料有一个水桶、一个空水杯、一些水和一张废纸。首先她小心地举着水杯，用水灌满后，再用一张纸盖住杯口，然后用手压住，再倒过来。当王老师把手拿开之后，水并没有从杯子里漏出来。这时，我们全班同学看得目瞪口呆，有些同学还夸张地喊："哇！真是神奇啊！"接下来，王老师安排全班同学到盥洗室里自己亲手做这个实验。我也学着王老师刚才的动作，做了一遍，我成功了。我再看看别的同学，有的也成功了，有的失败了，有的正在聚精会神地做。当快下课的时候，王老师招呼大家结束实验，回到教室里。回家看到王老师的博客，我明白了这个实验的原理，是水表面的张力使杯子和纸完全闭合起来了。杯中水对纸片的压力小于杯外的大气压力，因此，大气压力就帮纸片托住了水。

　　因为"倒立的杯子不漏水"这个实验操作简单，所以是我最喜欢的一个实验。

彼岸花开

　　沁人心脾的芬芳弥漫，梵音环绕，曙光撒落在那嫣红雪白的身影上，透过千姿百态的纤长花瓣，将婆娑的影投在荒野之上。那令人眼花缭乱的花瓣与花影勾勒出轮回的轨迹，生生相错，恣意绽放在海天相吻之处，令人情不自禁地唤它：彼岸花。

可爱的家乡

赵佳薇

　　山西太原，一个美丽的地方，三面环山，簇拥在一片青山绿水之中。每当与人谈起我的家乡，我便会非常自豪，我那可爱的家乡有多少数不尽道不完的可爱之处！

　　最忘不了的是家乡可爱的人，热情坚毅，邻里和睦，家里做了好吃的总会分给邻里尝一尝。见面时，那温暖的寒暄、灿烂的微笑必不可少。热闹的菜市场，热情的服务、熟人间的大笑声从未淡漠。院里，是小孩子爽朗的玩笑声、人与人之间关怀的帮助。这些，都使我难以忘怀。还有那些勤勤恳恳的劳动者，在风雨中从不懈怠的交警，在图书馆不辞辛苦的志愿者，还有那些在工作中废寝忘食、救死扶伤的白衣天使……家乡那些可爱的小人物在我看来是如此伟大，如此可爱可亲！

　　这么多年来，我的家乡发生着翻天覆地的变化，一直在努力赶上世界的步伐，太原将开通多条地铁线路，到2020年我们便也可以进入新的地铁时代。无数高楼崭新建起，家家生活变得富足起来。繁华的大街，便捷的交通，舒适的环境，这是家乡努力的成果，吃苦耐劳、倔强坚强是家乡永不凋谢的崇高精神。家乡的辛勤劳动，家乡的崇高理想与信念，我感到家乡是如此的可爱可亲！

但是我们并没有忘记老祖宗的告诫，家乡的根本。那一片绿树，那一片花草，美丽而伟大的汾河，丰富的煤矿资源，美味的老陈醋，都是土地的馈赠。我的家乡也有大片的绿化，在一条条马路两旁有着活力四射的绿树、绿丛，几百个绿地公园让人们呼吸新鲜空气，也有大型动物园收养着珍稀动物，在这美丽优越的环境中生活，怎能不让我感叹家乡是如此的可爱可亲！

我可爱的家乡！太原，一个充满活力的城市，让我的回忆充满了多样的色彩，虽然没有北京的先进繁华，也没有临海的迷人风光，但家乡一直在努力，并一直可爱着，让人依恋与自豪。

我 爱 家 乡

张宇欣

073

"呼……" 终于写完作业了，哎呀，快期中考试了，赶紧复习一下吧。哎，时间过得真快啊，转眼这个学期又过一半了，再然后是期末、放寒假、过年。嗯，这次放假，一定要抽时间回一次老家！

儿时的我一直住在乡下的爷爷奶奶家，六七岁时跟随父母到了城市。之前因为好玩的玩具、精彩的动画片、新交的朋友，不再想回乡下；现在想回去看看了，却因学业繁重，抽不出时间而不能如愿，只能在独自思念着……

那是一个不大的小山村，村里的人们过着安静有序的生活。男人们负责耕地，女人们则在家纺线织布，操劳着家中大大小小的事，小孩子们成天无忧无虑地玩耍着。

那时的我还有点儿小，只能跟在爷爷奶奶身边，但也是乐趣无穷的。有一次，我趁爷爷奶奶不注意，溜出去想找点儿乐子。刚出门就碰上了隔壁三婶，她给了我一个红彤彤的果子："妞，要去玩呀，别走太远啊。"我应了一声，往前走着，突然看到有个蚂蚁洞。我忙折了一根树枝，使劲用树枝往里捅，不一会儿便看到许多蚂蚁争先恐后地往出爬。正在我玩得不亦乐乎的时候，一只大黑狗朝我这边走来，我天生怕狗，看到这么大一只狗，早被吓得哇哇大哭。

二叔循声走来，看到是我，立刻把我抱回了家。奶奶把我抱上了床，边用手温柔地拍打着我，边唱着我听不懂的歌谣，我因为累了，也很快就睡着了。

等我醒来已是黄昏，表哥送了我一只刚孵出的小鸡，毛茸茸的，十分可爱。我还拿小米喂它，为它搭了个窝。做完这些，我早累得满头大汗。抬头一看，一阵阵炊烟飘向空中，我听到大人们在喊孩子回家吃饭，又闻到饭菜的香气，便知道该吃饭了，我忙向屋里跑去。

一进屋，就看到爷爷在喝着什么，看那陶醉的样子，应该还不错吧。我便央求爷爷也让我尝尝。爷爷便笑着用筷子蘸了一滴送进我嘴里，我咂咂嘴，那味又涩又苦，还有点儿辣，让我直吐舌头，爷爷便哈哈大笑起来，却招来奶奶的白眼，之后才知道那是爷爷最爱喝的白酒。每说起这件事，他们都会笑我的贪吃。

晚上，我们坐在树下乘凉，小孩子们都围在太爷爷身边，听他讲各种鬼故事，越听越怕，但越怕就越想听，有时，身后的林子里还会传出猫头鹰的叫声，便把凳子往大人身边挪一挪，还问："然后呢？"

到了冬天，小孩子们分成两队打雪仗，不时传来大人的告诫声，说让小心点儿，别伤了人。我们自然知道，彼此也从来不会计较这些。我们开心地笑着、跳着，真希望时光永远停留在此刻……

母亲的一声呼唤惊醒了我，问我发什么呆呢，我摇了摇头，苦笑着，往窗外一看，高楼大厦林立，挡住了太阳的最后一点儿余晖。哎，我可爱的家乡，何时能再见你一面！

美丽的家乡

单宇涵

我老家在山东，都说山东海多，但是我却不曾去过，真是遗憾。我也不曾了解这里，但我小时候在家乡生活了一段时间，我对家周围还是印象挺深的。

我的家乡住在一个小乡村里，这里环境很好，车少，树也多，没有什么灰烟，湛蓝色的天空干干净净，空气清新，让人呼吸顺畅。村子里的房子都是平房，没有什么楼房，邻里关系也很好，遇见便打招呼，会问"吃饭了吗？""这是要干什么去啊？"等等。那里的人都很朴素。

曾记得春天时树叶繁茂，小草葱郁，春风和煦，时常会听到鸟儿的叫声，大人们忙着在地里种庄稼，挥洒汗水。夏天时，知了就开始合唱了，知了在树上早晚地鸣个不停，人们晚上会拿着手电筒捉知了，相当热闹。秋天较为凉爽，秋风飒爽，树上的叶子也在哗啦哗啦地掉落，组成一段美妙旋律。庄稼也丰收了，人们又开始忙活着去收割。冬天霜雪来临，小孩子们都戴着手套帽子，穿着厚厚的棉袄出来玩雪了。平常的大坑此时布满积雪，孩童们就滑上滑下……

我的童年也在家乡度过，那时确实无忧无虑，没什么好操心好烦恼的，每一天都一如既往的欢乐。我也很喜欢我的家乡，在那里生活真是很快乐。

　　如今家乡改造，以前的平房也建成了两层的小楼房。虽说没有什么影响，就是不能再像以前一样在院子里跑跑跳跳了。

　　但是，我可爱的家乡，无论你变成什么模样，我都永远想念着你，你也永远是我可爱的家乡。

我 的 家 乡

张释心

　　我的家乡在吉林。不必说红叶谷的枫叶、朱雀山的风光，也不必说龙潭山下的圣母洞、满族乌拉的神秘，单是满街的树就让人"醉"了。这里有清秀笔直的白桦，有异国风情的梧桐，有高大挺拔的白杨，有风姿摇曳的垂柳，还有形态各异的松柏，大树小树，高树矮树，错错落落，郁郁葱葱，不管是公园还是小区，不管是公路两旁还是乡村小路，总有看不过来的树。也许你刚刚还沉浸在垂柳的荫凉里，转眼间就在一棵独立的梧桐下深思了。到了冬天这里的树又会为您奉上一份"饕餮盛宴"——雾凇。清晨里各种树的枝条都被均匀地包裹上一层似冰非冰、似雪非雪的白芒，真的是"忽如一夜春风来，千树万树梨花开"，让人仿佛置身仙境一般。可千树万树的梨花又怎肯长驻人间，随着第一缕阳光轻柔的抚摸，它们又悄悄地谢了，让人生出一种"无可奈何花落去，似曾相识燕归来"的感慨。这也就为美丽的吉林平添了一抹神话的色彩。

　　说到吉林，一衣带水的松花湖也会让你"醉"上一"醉"。它犹如一块碧玉镶嵌在城市的南面。无论四季都能看到湖面上成群结队的野鸭，它们或交颈戏水，或潜水捉鱼，或展翅欲飞，或"嘎"的一声飞到湖对岸去了。湖面上不时有独木渔舟划过，随着风声会送来缥缈的渔歌，歌声阵阵，湖鸭点点，点点阵阵，阵阵点点，点缀出一色水天。

　　吉林的夜晚更会让你"醉"得流连忘返。松花江水在满江河灯的映衬下，水声哗哗啦啦，仿佛在一个华美的舞台上奏着一曲舒缓的小夜曲。整座城市在月光、星光、霓虹灯光的交相辉映下，分不清哪儿是山、哪儿是水、哪儿是天、哪儿是地。陆地上波光粼粼，江面上却霓虹闪烁，远处的天空反而像一座静睡的城市，而近处的城市反而如热闹的天宫。用美轮美奂来形容，是一点儿不过的！这就是我的家乡，我美丽的家乡——吉林！

乡之韵味

王志敏

此中有真意，欲辩已忘言。

——题记

山间田野，锦绣怡然。稻麦金黄，野果飘香……

彼岸花开

我爱如仙般的乡村。憨实朴素、热情好客是村民的不二特征。我去过乡村，好多年了，但那里的一草一木、一河一山都不曾在我脑海里模糊过，至今记忆犹新。

乡间的空气是清爽的，就像随时都被喷了清新剂一样。哦不，比喷了清新剂还清爽，它是纯天然的，不含任何化学物质的天然清新。一进入乡村，我立刻感到精神百倍，活力十足。尤其是清晨，在太阳刚刚跳出地平线的一刹那，你会感到世间万物都骤然从沉寂中苏醒了一般：色彩缤纷的花儿都揉了揉它们那婀娜的身姿做起了早操；葱脆郁绿的小草也挺直了腰杆，呼吸大自然的空气，朴实辛勤的人们也都从各自暖烘烘的被窝里钻了出来，提着竹编的篮子，扛着连锄棒都磨得光滑的锄头去耕土挖菜了……周而复始，人们不辞辛苦，以此为乐；花花草草也坚持不懈地锻炼着身体，愈发鲜艳起来。

乡间的雨是清新的，我最喜欢乡村下雨了。它不似城市的雨绵绵不断，乡村的雨是活泼的、调皮的，也是果断的。下雨前，空气有点儿沉闷，空中随处可见密布的乌云，提示着人们要下雨了，赶快把晾晒的谷物和衣服收进家里，免得被淋湿。下雨时，小孩子们会跑出来玩，在雨中嬉戏，畅快淋漓地淋雨，大人们也不去管他们，因为他们知道，这雨是温和如春风的。他们有的还迷信说，小孩病了淋点儿雨能驱除晦气，远离灾害，身体健康，不常生病。所以，就任由他们在雨中接受成长的洗礼……雨后的乡村是最美的，仿佛一位刚刚出浴的仙女，惹人心神荡漾，想把它呵护在自己的羽翼里，爱恋着，宠爱着。一片祥和安宁的景象。雨后的泥土散发着一阵阵香味，它不似法国顶级香水般奢华，也不似廉价的地摊香水庸俗，它带有一种神奇的香味，那是一种无法用语言形容的清新。闻着泥土的芳香，顿觉神清气爽，心旷神怡。

总之，它吸引着我，它让我流连忘返，它的韵味只有亲身体验过的人才知道——美而朴素！

家乡的小溪

苏沐沐

　　我的老家在风景秀丽的老峨山，这里有连绵不断的山峰，蜿蜒无尽的丛林，以及错落有致的田地……当然，其中最吸引我眼球的是一条无名小溪。

　　这条无名小溪位于老峨山的东面。听爸爸说，小溪是从老峨山脚下的多个泉眼涌出汇成的，溪水随着山势，一直向远方流淌。直到现在，她到底流了多少年，无从考证，多年来她都一直默默地哺育着老家一代又一代的人们。早晨，太阳把自己的第一缕阳光献给了这条薄雾笼罩下的无名小溪。此时的小溪像是睡眼蒙眬的孩子，伸伸懒腰，撩起眼前那淡淡的薄纱，像是在准备开始新一天的美好生活。溪边枝叶上晶莹的露珠滴落到水中，发出一阵阵"叮叮咚咚"的声音，像是在进行一首美妙婉转的清晨交响曲。花蝴蝶迈着轻柔的脚步来到溪边舞蹈，鸟儿挥动着轻盈的翅膀在树枝上一展歌喉……这番动人的情景让我不禁想起"留连戏蝶时时舞，自在娇莺恰恰啼"的美好景象。中午，烈日当头，透过树叶缝隙的阳光斑驳地洒在溪面上，老远看去，整个溪面像一面面小镜子拼装而成，亮丽得很。走近溪边，溪水清澈见底，可以看见溪底的枯枝和五彩斑斓的溪石，偶尔有二三条鱼儿在欢快地穿越，给美丽的小溪更是增添了一种无限的生机与活力。微风

079

袭来，一片脱离妈妈怀抱的树叶，像一只蝴蝶在空中飞舞，逐渐融入溪流，越漂越远，越漂越远……夜晚，明月与溪水交相辉映，显得小溪那么的和谐、宁静。每当夜深人静的时候，一些不知名的昆虫悄悄地来到溪边，在那里尽情玩耍，"吱吱"的叫声在夜空中久久回荡。夜越来越深，在朦胧的月色中，天空中的云朵飘浮不定，鸟儿睡着了，小鱼睡着了，小昆虫也睡着了……似乎这世间万物都睡着了，只剩下溪水的流淌，一切都显得那么的宁静、柔美。

这就是我家乡的那条美丽小溪，清晨、中午、夜晚，每一个时段都会展示出一幅幅优美的画面。她一直精心地哺育着家乡的人们，让人们享受着她带给大家的清新与恬静。

不老的土桥

曹晓妮

静静地在脑海里勾勒那座土桥的线条，就发现这很难。偶尔定格成一幅画面，也只是盖在桥旁那厚厚的野藤和浊水小溪模糊的身影，全然找不出老态的记号。

土桥像一只摇篮，中间低洼处凸出石子。便是这样简单，却载起人们行走的重量。只是它现在已经很老了，已经很少有人踩着它的脊背到对岸。而它，只是默默地接受着命运的安排，像一尊雕像，静卧于流水上。

只有一群随桥而居的野藤，日夜陪伴着它，给了它些许绿意——

以前有调皮孩童在桥边玩耍，踢着石子，用绿藤编成帽子，土桥用那飘动的"手"抚摸那年轻的脸庞，是不是它也捡起昨日逝去的梦来挽留自己最后的风烛残年？

可是现在唯一的一点儿笑声也消失了，一切都安静了。日暮下的土桥像一幅古朴而悠远的风景。难道，老年的代名词应该是寂寞与回忆？

谁平静地从桥身下淌过。多少年了，远处的桃花开了又落，落了又开，只有流水依然如故。它从远方来，延伸到更远，时常会从不知道多么遥远也不知多么亲切的地方带来一份惊喜，那是流水的馈赠，也是流水的问候。是一瓣落红，随着流水一落一漾，神话般出现在土桥身边；或是一只干巴巴的苹果，用风干了的身躯活动着生命之舟，继续这永别了的旅行。每当此时，它总是以一种博大的胸怀来迎接这山外来客，又有一种期待的目光等着新的奇迹。

更多的时候，便是土桥的甜蜜。倒影在时间的镜子依然是流不走的回忆。那是它不老的理由，那是沉淀着它的年少与辉煌。桥上走过的许多人，他们留下了脚印，来来往往，心中没有桥的影子，但是他们毕竟走过，在人生的路上走过那么一座老桥。

有时桥缝里会露出一缕土，有时会从桥面掉下一颗石子，这都是土桥垂老的信号。但是已经把自己一生都寄放在这里了，即使不能如流水，淌过千山万水，品味世间百态，但自己年轻过，奉献过，也经历过，生命所赐予的萍水相逢已经足够。再看时，那土桥依旧伴随着那绿藤，共同诠释这生存的意义。黄昏下的它们，是生命在那一圈余晖极尽绚烂，所有赞美的言辞都显得苍白。

因为它不老，所以它无须定格在走过的任一瞬间。

雪中的那一抹绿

秦华珍

　　灰蒙蒙的云雾布满了天空，冷风嗖嗖地直往脖子里钻，满天的白线斜着从天上泻下来。凛冽的寒风呼呼地刮在脸上如刀割一般，大朵大朵的雪花从天上落下来，好像轻盈的少女在空中旋转起舞。雪落在地上，软软的，踩上去"咯吱咯吱"的响。世界一下子被点缀得银装素裹。

　　光秃秃的树枝可怜巴巴地指向苍天，曾经生机勃勃的大树也终于支撑不住。被雪覆盖着，枯枝也摇身一变，成了玉珊瑚。放眼望去都是无边无际的银白色，看不到丝毫生机。

　　雪纷纷扬扬的，不断往下落，就像谁不小心打碎了玉瓶，那碎玉飞舞着，还不时地变换着舞步。雪，飘啊飘，飘到了草原的一角。在那儿竟出现了生命的奇迹。一株小小的、绿油油的小草竟出现在了我的眼前。"怎么可能？"我惊叹道。连往日高大挺拔的大树都抵抗不住严寒，成了冰雕，这株微不足道的小草又怎么能顽强地生存下来呢？连往日高大威武的一些动物已耐不住风雪开始冬眠，为什么这株柔弱的、不堪一击的小草却能如此欣欣向荣呢？以往美妙、神奇的大自然都已经穿上了冬装，为什么这株不起眼的小草却能如此幽绿，如此富有生机呢？

草，虽然平凡，但却有不可抗拒的威力；草，虽然渺小，但却如此的坚强不屈；草，虽然不美丽，但却具有极旺盛的生命力……这，是因对生命的渴望而得来的力量啊！

我放眼望去，白雪皑皑，到处都是雪的世界。唯有一株不起眼的小草，顽强地屹立在风雪中，不知多少次小草和死神对面抗拒，不知多少次小草被白雪覆盖又顽强地站了起来！

草，不管闪电雷击，不管狂风骤雨，不管严寒酷暑，它都毫不畏惧。

这一切都是信念的力量，小草渴望生命，渴望生存，于是又站了起来！

生命的力量是多么伟大，多么不可思议啊！它可以让眼前一片黑暗的人，找到阳光，它可以让逼近夭折的人创造奇迹，它可以让垂头丧气的人重新振作起来！

回头望望那株小草，它绿得发亮，绿得水灵，连叶脉都露了出来，是多么的喜人，微风拂过，时而舒展双臂，时而弯腰触地。

"呼——"一阵北风吹过……

只有一个地球

尹 昕

地球，就像人类的母亲。它给予了人们赖以生存的生活环境，也给予了人们生活所需要的一切，人类的生存离不开地球，地球的变化也离不开人类。

　　以前，地球无私地给人类提供可以不断再生的资源，让人们可以生存下来。地球那时很美丽，天空蔚蓝蔚蓝的，小鸟快乐地在天空唱着歌；树木郁郁葱葱，枝繁叶茂；草原绿油油一片，小草随风摆动，愉悦地跳着舞；河水清澈见底，小鱼自由自在地游来游去。人类、动物、植物，都保持着自然规律。

　　可是现在，人类不再觉得吃饱肚子就能得到满足。随着科技的发展，人们的生活变得越来越好，飞机在天空翱翔，汽车在大地奔跑，以及其他很多很多，都在为人们提供方便。可是，人们发展的同时，却不知他们正在严重污染环境。烟囱冒着的浓浓黑烟，日日夜夜不断升向天空，使大气层受到破坏；人类不断砍伐树木，制造木制产品，使森林飞速地消失，也使许多动物失去家园；由于过度放牧，草原也变得光秃，取而代之的是一片片沙漠；许多工厂为了提高效率，把小河当作排放污水的好地方，使干净的河水变得肮脏不堪，小鱼也无法生存……

　　既然人类是罪魁祸首，人类也受到了危害。每天因长期喝脏水和吸入不干净的空气而死的人不计其数，自然灾害也随之降临，发洪水、下酸雨、沙尘暴、雾霾……这些也都是人类随意破坏自然资源而形成的。

　　"我们这个地球太可爱了，同时又太容易破碎了！"这是宇航员遨游太空目睹地球时发出的感叹。是啊，只有一个地球，我们无法在地球资源枯竭时再搬到另一个星球去，所以，请大家好好保护地球的环境，使地球母亲重现以前的美丽！

假如我是一名"小偷"

付 奇

小偷在大家眼里都是不光彩的，然而我的梦想是做一名法力无边的"小偷"。

假如我是一名"小偷"，我要偷走妈妈脸上的皱纹，让妈妈永远年轻漂亮。妈妈每天迎着朝霞送我去上学，下午又伴着晚霞接我放学，回到家还要给我做丰富营养的晚餐、洗衣服、拖地，每天月亮公公、星星姐姐睡了她才睡，第二天她又要比太阳公公起得还早，所以我要偷走她脸上的皱纹，让她的脸上露出愉快和美丽的神情。

假如我是一名"小偷"，我要偷走那些污染源，让我们生存的地球每天都干干净净。我要偷走那些汽车的尾气、随手丢弃的垃圾、过期的食品、令人呕吐腐烂的肉，让世界从此没有垃圾，让人们从此过上健康的生活。我还要把天上的雾霾偷得一干二净，让空气变得清新，也让我们的地球妈妈变得更加安宁。

假如我是一名"小偷"，我要偷走捕杀者的猎枪，让可爱的动物们有一个舒适无忧的环境。给那些无家可归的小动物们一个住巢，让它们平平安安地享受着大自然的宁静。送给一只受伤小鸟新的生命，送给一条小鱼平静的呼吸，送给一只野兽安静的生活。

假如我是一名"小偷"，我要偷走疾病，让人们不再受病痛的折磨。从一个哭闹着、不愿意打针的小女孩儿的身上偷走疾病，让她那苍白的脸上顿时变得红润。从一棵正在被虫子啃咬的大树的枝干上偷走疾病，让枯黄的叶子顿时变得翠绿，让大树变得枝繁叶茂。

假如我是一名"小偷"，该多好呀！

禁 毒 日

李芸辉

是谁让健康的面孔变得憔悴？是谁夺走了有活力的生命？又是谁带走了一家家的欢声笑语？没错，就是毒品。

"毒品"简单的两个字，却是多么令人痛恨的字眼啊！吸食毒品会使多少人葬送大好前程，甚至付出宝贵的生命；会使多少个幸福的家庭一贫如洗，支离破碎；还会让吸食者走上违法犯罪的道路，吸毒、贩毒、以贩养吸，危害社会和国家。这样的事件还少吗？君不见新闻中：一个小老板染上毒瘾后，百万家产转眼间灰飞烟灭；一个女子在丈夫吸食毒品后，也染上了毒瘾，夫妻不堪忍受双双自杀，剩下了年幼的儿子……诸如此类的事件时不时出现在报纸、电视、互联网中，看着这样的事，看着视频上这样的人，我的内心如针扎一般的痛苦。回忆历史，虎门销烟的情景就好像在昨天，可悲的历史难以磨灭，更让人铭记，悲惨的教训还不能让我们醒悟吗？所以，从林则徐的虎门销烟到今天习总书记提出的"以铁的手腕夺取禁毒、戒毒斗争的新胜利"，禁毒的脚步从来没有停止过，每一届政府都在坚定不移地同毒品斗争着，公安机关的利剑在行动着。远的不说，近年的事件一件接一件：2016年3月25日，山西省公安厅禁毒总队，在浙江警方的大力配合下，成功侦破"李润镖贩卖毒品案"；2016年9月，湖南省公安厅禁毒总队成功侦破"5·19非法生产a-氰基苯丙酮案"；2016年9月26日，江苏、吉林、上海、河北……虽然如此，但据有关数据统计，近年来，吸毒贩毒人数有所增加，禁毒形势依然严峻，禁毒，任重而道远。

我们青少年，花一般的年龄，人生中最美好的年华，就如同夏季茂密的树叶，显示出一派勃勃生机。可如今有一部分青少年，没有正确的人生观，或是为了寻求刺激，或是盲目虚荣赶时髦，或是轻信别人的花言巧语，被毒品蒙蔽了双眼，放弃了追求成功的道路，因为毒品而踏入了万丈深渊。

新一代的青少年，为了自己，为了家人，也为了子孙后代的身心健康和幸福，更为了我们中国梦的实现，让我们行动起来，远离毒品，珍爱生命，走向美好的明天！

静　夜

宁　欣

夜的使者悄悄降临人间，给大地罩上了一层黑纱，喧嚣了一天的城市，也渐渐静了下来。

晚风轻拂，偶尔传来几声蛙鸣鸟叫，仿佛梦境般，对于这样的夜晚，静如画，动如诗，无数次令我陶醉。

夜晚，浩瀚的天空像块巨大的蓝宝石，朦朦胧胧地飘着几朵云彩。月亮不知不觉挂在天空中，散发着清澈的光，周围有一光环，白茫茫的，仿佛被仙女披上了一件薄薄的纱衣，显得那么神秘。星星就像撒在蓝布上的碎金子，这儿一簇，那儿一团，时而明亮，时而幽暗；又像孩子们那一双双充满好奇的双眼，一闪一闪的，悄悄地瞧着人间。天空、云彩、月亮、星星构成了一幅宁静而缥缈的画。

夜晚，一座座房子静静地矗立着，远远近近，高高低低，仿佛一尊尊庞然大物，威严地守护着世间万物。忽然，不知是哪家的灯先亮了起来，淡淡的灯光透过窗棂，散发出微弱的光，就像天边忽然出现的那颗明星。接着家家户户都亮了起来，那光静静的，连成了一片，夹杂着饭菜的香味，招引着在外劳作一天的人们回到那宁静又温暖的家。

夜晚，河流静静地流淌着，如一块柔软的绸缎；皎洁的月光照在水中，波光粼粼，如同照在一面明镜上。一眼望去，万物仿佛盖上了一层薄薄的白霜，散发着静静的柔光。坐在河堤边，望着寂静的夜空，听着涓涓的流水声，吹着徐徐的微风，心也静了下来。我陶醉在这样如诗如画的夜色中，渐渐的，自己仿佛也成了这画中人。

夜的使者降临在人间，悄悄地给大地罩上了一层黑纱，喧嚣了一天的城市，静了下来。

昙 花

张 薇

半夜，忽然有一股高洁清雅的芬芳缓缓漾来。闻着这沁人心脾的幽香，我的心不禁为之一动，随即下床寻觅起来。循着这份馥郁，我终于找到了它——那开得无比灿烂的、璀璨绝俗的昙花。状如莲花的花瓣洁白无瑕，婀娜多姿，使我眼睛为之一亮。

整株绽放开的花，透着幽幽的香，虽说没有月季的亭亭玉立，也不如梅花姿态奇丽，但是却有高雅端庄的气质。那皓皓的白，圆润而晶莹；那点点的黄，明艳而动人。这一切的一切总是那样的刻骨铭心，动人心怀。

一切都如奇迹一般，皎白的千层长瓣倏地一颤，继而又在目光迷眩中缓缓闭合。花开得虽然短暂，但是，在这一瞬间，它却能倾其所有地去执着于那短促的生命升华，这是何等的可贵！

正如那一现的昙花，我们的生命是何等短暂，不幸与挫折的到来也往往是不期而至，令人无法捉摸，但是，让这无比短暂的生命绽放出灿烂夺目的光彩，让生命发挥出无限的价值，这些全部都掌握在我们自己手里。你也可以白白地流失它，践踏它，浪费它，置之不理，任它荒废，平平庸庸地度过这辈子。一切都在自己的一念之间。凝视着这典雅的昙花，我扪心自问："我们苦苦追求的生命价值不也是那转眼间的升华，展现最大的荣耀吗？"

昙花让我见到了最灿烂的生之骄傲，感触了生命所包容的重大含义，也是从这一刻起，我允诺自己，一定要把握好生命，一定要对自己负责！

醉人的四季芙蓉

岳　腾

"出水芙蓉"常用来形容人看起来水灵灵的，足以表明芙蓉的美丽。在外婆家的门前就有一棵多姿的芙蓉树。它浅褐色的树干只有碗口粗，但很结实，每一条树枝都充满了活力。远看恰是一位绿衣仙子在翩翩起舞，不亦乐乎！近看好像一位诗人正在摇头晃脑地作诗。

一年四季的芙蓉更是各有千秋。春天，在经受了寒冬的洗礼后，一个个羞涩可爱的小嫩芽悄悄地冒出来了，长满了枝头。它们像一颗颗晶莹透亮的翡翠在温暖阳光的照耀下闪闪发光，又像孩子在那里轻轻地微笑。哇，我惊奇地发现，它们还像孔雀开屏呢！那饱满的小芽就像羽毛上的绿色闪羽，好不美丽 经过春的孕育，盛夏的芙蓉开花啦！那花朵五颜六色的，形态各异。富丽堂皇的花朵在手掌般的叶下骄傲地盛开，一起嬉戏，一起快乐……淡淡的幽香赢得花蝴蝶的偏爱，取得蜜蜂们的喜好，也夺得我的注意。走近细看，绿叶庇护下的花儿，有的从内向外绽开，有的则由外向内盘旋。淡黄色的花蕊在花朵的中间挺立着，在母亲的襁褓中笑着长大。远看，仿佛一盏盏灯笼挂在其中，喜气洋洋，好不热闹！ 秋姐姐来了，悄悄地给芙蓉树的叶儿穿上了一套美丽的新装，金灿灿的，随风起舞。秋风轻轻地袭过，一只只漂亮的黄蝴蝶在空中飞舞，多姿多彩的舞姿引人入胜，噢，原来那是叶儿打着旋儿飘落下来，它给大地铺上了一层黄地毯，踩上去软绵绵的，还伴有秋曲——沙沙，沙沙。

　　冬，是严寒的。可芙蓉树却像位战士坚贞不屈地站在中间的岗位上，不畏严寒，不畏寒风的凛冽。它守卫着自己的那片土地，挺立着身子。它，是多么的坚强。难道我们就注定是温室里的花朵吗？不，我们应学会坚强，在风雨中闯过，阳光总在风雨后。

　　每个人的成功都是经历了风雨的，没有风雨不必过，没有坎坷不必走。只要肯努力，我们就会成功。美丽的芙蓉，谢谢你，你的美带给人们无限遐想与欢乐，你的坚强给予我们无穷启示。

　　我爱你，醉人的芙蓉！

091

红梅，你令我心醉

丁　兰

　　雪白的大地上，仰着一朵婀娜多姿的它。清芬的花香，令人心旷神怡；美丽的身姿，令人心醉。

　　六角的雪花，漫漫起舞，白衣舞者激起涟漪，将冬天的舞台展示得如此动人。

那一年，一样的景，不一样的心情，我因为一点儿小感冒而躲在家里。

无事中，我站在窗边，望着这纷纷的雪花，联想不已。突然看见了一朵粉红的花朵，绽放在这银装素裹的世界，冰清玉洁，芬芳迷人。

走出温暖的家，一丝东风划过，凉凉的，我慢慢地走近这朵顽强的生命。

是一朵红梅！粉红的花瓣，给人一种母亲般的温暖，嫩黄的花蕊，展露在外面，一丝不动，风在这里静止了。

它挺拔地站在那里，没有一点儿畏惧，没有一点儿娇小。今天我才发现，世界上居然有如此之美的花朵，盛放得如此之坚强。

它没有玫瑰高贵，它没有牡丹惹眼，它没有郁金香的美丽，也没有薰衣草的清香。

但它坚强，但它冰清玉洁，但它坚持不懈，但它美不可言。

玫瑰虽高贵，但却不信任他人的心，时刻保护着自己，也由此而凋谢自己的青春。

我细细地端详着它，对它说："红梅啊红梅，你娇小的身躯，怎能承载冬风的凛冽？"

它抬起它高傲的头说："不经历风雨怎能见彩虹。"

一句话，打动了我的心，不经历风雨怎能见彩虹。成功的母亲也叫作失败，挫折并不意味着失败。

红梅，你屹立的身体经历过多少次的寒风凛冽？为何明亮的光明到来后，你却又不在？

红梅，你的生命中有多少不为人知的秘密，你发抖的身体中有多少不为人知的坚定，你这美丽的一刻有多少不为人知的艰难。

此时此刻寒风刮来，一点儿也不温柔，将美丽的白衣舞者吹打得四分五裂。我担忧地看着它，顽强的生命。

它笑了，它笑得如此坚定，它迎着微笑面对每一个观者，为了人们的赞美它可以付出生命，为了人们的赞美它可以不顾一切。

看着这株瑟瑟发抖的身躯，我不舍地落下了泪，融化了积雪，染红了红梅。

想一想这顽强的生命，这坚定的辉煌，这发抖的坚强，看一看这嫩黄的花蕊，这迷人的身姿，这心醉的芬芳。

风小了，雪停了，我不知站了多久，孩子们放学了，许多人都跑过来打雪仗、堆雪人、赏红梅。

此时此刻，红梅啊，你成功了。你的坚强芬芳令我不忘，你美丽的笑容让我神往。

红梅，你令我心醉！

青 花 瓷

宋智华

"素坯勾勒出青花笔锋浓转淡，瓶身描绘的牡丹一如你初妆……"青花瓷，伴着委婉的中国风曲调，你渐渐地走出尘封的历史，重新展现沉淀了千年的美丽。

指尖轻轻划过桌上的青花瓷，那釉色却如丝如雨般流进我的心中。素白玉坯素面无华，天然去雕饰，清水出芙蓉。侧锋勾勒的玄青色牡丹如回眸一顾的盈盈笑靥，含蓄美丽如含苞未放的花蕾。人间四月笼烟雨，江南清明多惆怅。袅袅烟，蒙蒙雨，朦胧而婉约的美，千里江风，丝丝醉人面，这美随着江风飘去，去到了那我去不了的地方。细雨飘霏清风摇。是谁在窑烧边经千年的等待？幽幽魂归，翻转这青花瓷，背面竟是一幅古典传统的侍女图。天然瑰丽，楚楚动人，在微风中婀娜摇曳。忽视的瓶底原有临摹的古隶书，如天马行空透着神俊和飘逸。青色的刻花掩映着青色的天空，骤雨潇潇。曾一度沉迷于你淡雅的色泽，纯白色的底使勾勒的青花更显明亮，而湛蓝的青花又让单纯的底色不显孤单。没有色彩斑斓的喧闹，只是安静的青花使人宁静致远；没有棱角分明的庄重，只是清新自如的飘逸使人思绪飞扬。

你好，青花瓷——不仅仅是对你的问候。你是独特的语言文字，记载了五千年中国走过的风雨历程；你是异彩纷呈的文学艺术，瓶底书汉隶，瓶身釉色渲染仕女图；你是充满智慧的中国哲学，揭示了中国人民勤劳智慧的真理……

"天青色等烟雨，而我在等你，月色被打捞起，晕开了结局，如传世的青花瓷自顾自美丽，你眼带笑意……"

自制煤油灯

张 宏

星期天，我回到了爷爷家，爷爷正在制作一盏煤油灯，我也兴致勃勃地跟着学了起来。

把用过的墨水瓶洗净控干，几分钱买一个白铁皮制作的灯芯管，在墨水瓶盖子的中间钻一个和灯芯管相应的圆孔，将灯芯管从上边穿进孔中，让灯芯管上的圆铁片盖在瓶盖上面。

截一段母亲纳鞋底用的线绳折上几折，或缝被子用的棉线，轻轻搓几下，再折几折，穿进灯芯管里就是灯芯。别看这很简单的折几折，可是关系着灯头亮不亮、省油不省油的关键。这用棉线做的灯芯不能太瓷实，也不能太虚、太松散。灯芯太瓷实煤油不易被吸上来，灯头的火苗就小，就不亮，并且上边容易炼结，动不动就得用针拨一拨，挑一挑，太麻烦；灯芯太虚、太松散，灯头火苗就大，像写大字的大毛笔头，火苗上边还冒着一缕黑烟，你就会心疼，嫌它多燃了你的煤油，又要用针把那灯芯往下按、按……按到灯头火苗的大小让你满意为止。所以这一道工序我们特认真，会非常用心地穿进去、抽出来试上几试，直到不松不紧最合适为止。

我小心翼翼地把煤油倒进洗净的墨水瓶里，捏着装上灯芯管的瓶盖，让它那长长的尾巴——棉线灯芯先钻进瓶内，让煤油能充分浸泡着它，把瓶盖一定要拧紧了，以免不小心让煤油洒出来。

不一会儿，灯芯管上边白白的棉线灯芯被煤油浸润，湿漉漉的。"嚓"，火柴划出一道火线，燃起一个小小的火苗，凑近灯芯，"嘭"的一下，新做的煤油灯上燃起一个大大的橘红色火苗。"呀！太大了！"我会用剪刀把露出灯芯管的棉线剪掉。剪的瞬间，火苗不见了，当剪刀快速剪掉离开后，"腾"地一下，火苗又蹿了出来，"毛笔头"不再尖也不再冒黑烟，并且比刚才更亮！

虽然现在已经用不着煤油灯了，可是我还是坚持把它带回家，因为它就是我童年的记忆。

彼岸花开

最好的礼物

邢珊娜

咖啡的苦，咖啡的醇……咖啡有一种特别的韵味，虽苦，却有种香醇，也如人生，每当喝下一杯时你会尝出不同的"味道"。

第一次坐在咖啡厅，是在我十岁生日的那天。

那天，爸爸说带我去喝咖啡，我有些好奇，爸爸说给我最好的生日礼物就在咖啡厅。来到街角那静谧的咖啡厅，坐在咖啡厅内，听着播放的古雅、舒缓的曲子，身心也渐渐放松，我点了一杯卡布奇诺，爸爸点的是一杯美式咖啡。坐在咖啡厅内，环视四周，咖啡厅采用的米色、粉色格调的壁纸，桌椅是纯白色，淡淡的香醇迷漫在整个咖啡厅，还有那古朴的音乐，一切显得那么和谐……"您的两杯咖啡。"服务生把端着的咖啡放到我面前，打断了我的思绪，"嗯，好的。"我稍稍加了一点儿糖，用汤匙搅拌了几下，端起杯子，啜了一小口，一股浓浓的苦味便在我的嘴里回转、融化，我调动所有味觉细胞，得出来的结论仍是：苦。爸爸看着我皱眉的样子，便对我说："人生何尝不是如此？你再尝尝。"听了爸爸的话，我端起杯子，又喝了一小口，但是这次，不仅有苦，竟还多了几分香醇。"咖啡好就好在这里，虽苦却有种别样的香醇，也正像人生，挫折、困难就似这杯咖啡的苦，但是，聪明的人却能从困难中有所发现，从困难中崛起，重新开始。这就像苦背后隐着的醇。"我听着爸爸的话，又看看冒着热气的咖啡，口中还含着那抹残香，我笑了，这真的是最好的礼物。继续品尝着那杯咖啡，每一口都勾起了我那些苦尽甘来的回忆……

也正是从那天起，我就不可救药地爱上了咖啡，爱它的苦，爱它的醇，爱它独有的韵味，爱它深藏的道理……

人生也正是如此，苦中那抹香醇，挫折中希望的影子，只有细细品味人生的咖啡，抓住每一分、每一秒，才能品尝到成功的香甜。

校园的樟树

高婷婷

097

我们的校园里有许多樟树，它们一年四季都非常美丽。

春天，樟树长出了新的嫩芽。去年的老叶子还没有全部掉光，从远处一望，绿中带黄，显得那么富有生机。走近一看，更美了，那刚刚换上绿色新装的樟树，仿佛是一个绿衣仙子，在绿绿的草坪上翩翩起舞，用手轻轻地摸樟树的树干，粗糙中带一点儿柔滑，手感适中。

夏天，樟树绿树成荫，樟树好像把它的所有生命力都展示给我们看，叶子的颜色已经从嫩绿色变成了深绿。枝叶茂盛，从远处看樟树好像一把打开的大伞，樟树下偶尔有几个玩累了的小朋友坐在下面乘凉。

秋天，樟树的叶子渐渐变黄、变红，走到远处一看，樟树好似一团黄色的火焰，在燃烧着，真有一点儿红叶似火的感觉。樟树的树叶间长出了一个紫色的果子，那些果子在秋末一个个掉下来，原来那就是樟树的种子。

冬天，刚换上冬装的它穿上了一身白，树上的树叶也没几片，可是它还是那么美。轻轻摇动树干，从树的顶端就会掉下来薄薄的一层雪。这时樟树的树干已经非常粗糙，那是它挡住寒冷的保障。

樟树每年都是这么美，不管大家怎么认为，在我眼里樟树就这么美！

我和我的小伙伴

　　老鹰飞得很快，很快就会飞到山顶。而蜗牛爬得很慢，但它一直在爬，终于有一天，蜗牛也会爬到山顶。等到它爬到山顶时，蜗牛和老鹰看到的山顶的景色是一样的。蜗牛个子虽然小，却有一种挑战自我、坚忍不拔的品质，很值得我们学习。

我的玩具跑车

游浩天

今年生日，妈妈送了我一辆玩具跑车，是需要自己拼装的"大黄蜂"。

一拿到这个礼物，我跑到阳台，一屁股坐在地上就开始摆弄它了。拼装完成后，发现这辆"大黄蜂"特别炫酷！它的头呈现出三角形，在三角形的上方，两边各分布着一盏灯，好像酷酷的脸上长了一对明亮的大眼睛。它的鼻子是个圆柱体，别看这个圆柱体灰灰的，但是它不但能撑起车子的前盖，而且还可以防撞，让车子更结实。整个车身是耀眼的黄色，底盘和轮胎是黑色的，黄色中点缀着的这点儿黑色，让车子显得更酷，这些黑色呢，又映衬得这黄色更炫！

我带上我的"大黄蜂"，哥哥带上他的"绿箭"（也是一辆拼装玩具跑车），我们一起在小区遛车了。这辆"大黄蜂"，不但可以前进后退，左拐右弯，还可爬小峭壁。最有趣的是，"大黄蜂"跟"绿箭"比赛，它们时而你追我赶，时而调皮冲到草地上打滚儿，时而呢，又站在一起比酷。它们跑得不亦乐乎，而我和哥哥呢，也开心得合不拢嘴。

我喜欢"大黄蜂"，喜欢它炫酷的外表，更喜欢它带给我的欢乐！

我和我的小蜗牛

余劲扬

我有三只小蜗牛，它们是我的忠实小伙伴。

有一天在奶奶家，我意外地发现了它们，我把它们放进了矿泉水瓶子里，瓶子上扎了些小洞，给它们透气。这个瓶子就是它们的大别墅了！这三只小蜗牛就像我们一家三口，一只大的，一只中等的，一只小的。最小的那只就是我啦。蜗牛的壳是浅灰色的，有一条棕色的条纹，最大的那只大概有一点五厘米长。一碰它们的两个触角就会缩回去，那是它们在保护眼睛呢。

早上，老爸给它们喂绿绿的葡萄叶，不一会儿，蜗牛们就来啃葡萄叶啦，我仿佛听到了蜗牛们"嘎吱嘎吱"饱餐的声音。妈妈问我："蜗牛有牙齿吗？"这个我还真不知道。晚上的时候我们发现蜗牛竟然大便了，我们给蜗牛的别墅进行了清洗，它们又有了一个干净的家啦。

回上海时，我把蜗牛放在我的背包里，一上高铁我就把它们拿出来，生怕把它们闷死。我们到达机场办理托运时，爸爸问服务员："蜗牛能带上飞机吗？"我自言自语道："蜗牛应该能上飞机的吧？它很小，爬得很慢，是软体动物，而且只吃菜叶不咬人。"服务员竟然让爸爸再去问安检员。最终我们把蜗牛带上了飞机。经过两个小时的飞行，我家的小蜗牛们就从大连到了上海，谁说小蜗牛行动缓慢呢？如果我家的蜗牛和《极速蜗牛》里的Turbo比试一下的话，谁会更快呢？

　　我经常把蜗牛们带出别墅，带它们遛遛弯。有一次，蜗牛爬到我的铅笔盒里，探索着、玩耍着，一会儿玩"勇敢者道路"，一会儿又玩"独木桥"。偶尔，小蜗牛会爬到大蜗牛身上，很罕见的场景哦，好像是小宝宝爬累了，想让爸爸背背它！

　　有时候，我会让蜗牛爬到我手里来，感觉它们润润的、滑滑的。黏力像胶水，但却不像胶水一样干掉后有黏黏的东西。它们会不会觉得我的手很粗糙呢？

　　妈妈曾经给我讲过一个关于蜗牛和老鹰的故事。老鹰飞得很快，很快就会飞到山顶。而蜗牛爬得很慢，但它一直在爬，终于有一天，蜗牛也会爬到山顶。等到它爬到山顶时，蜗牛和老鹰看到的山顶的景色是一样的。蜗牛个子虽然小，却有一种挑战自我、坚忍不拔的品质，很值得我们学习。

　　我开心的时候，和蜗牛一起玩会更加开心；我不开心的时候，看看我的忠实小伙伴们，我会变得开心。我希望它们快快繁殖后代，这样我就会有更多的小伙伴啦！

神奇的小屋

杜　睿

　　我拥有一个神奇的小屋，它的外形像一个宝石，里面有很多神奇的功能。

　　小屋的第一个功能是吸取光能。太阳出来的时候，小屋就开始吸取太阳能，晚上可利用太阳能做饭、烧水……

　　小屋的第二个功能是能在太空飞翔。只要说一声："我要飞上太空！"小屋就能飞上太空，探索宇宙中的黑洞，探索破坏力强的陨石，探索宇宙中的神秘资源……我的小屋还飞上了月球，呼唤嫦娥仙子陪我聊天，我还跟玉兔玩起了"捉羊羊"的游戏。

　　小屋的第三个功能是在小屋里，你看得见别人，别人却看不见你。只要你戴上在小屋里配套的3D眼镜，就算黑灯瞎火的也能把四周看得清清楚楚。

　　小屋的第四个功能是变色的功能。我的小屋，春天是蓝色的，夏天是紫色的，秋天是绿色的，冬天是白色的，颜色真漂亮！

　　我的小屋功能真是又多又神奇呀！

我的小田螺

刘皮轩

　　我家阳台的瓶子里有很多小田螺，那是我几个月前从南湖里捉来的。刚才在论坛上我看了忘忧岛叔叔发的辰辰的小田螺，就想起了我的小田螺。

　　我的小田螺是游手好闲、好吃懒做的小田螺。它们只吃它们所在地方的绿苔藓，从不游到对面尝尝那里的苔藓是否更新鲜。除了吃，它们就缩在小喇叭似的壳里"呼噜呼噜"地睡大觉，比树懒还懒。

我的小田螺跟辰辰的正好相反。它们的胆子不小。我敲敲它的壳，它却像不怕危险似的，还是慢慢吞吞地躲进自己的小屋里，继续打着呼噜。辰辰的小田螺在举行攀岩比赛，我的小田螺却在进行着"睡大觉比赛""吃得多比赛"。奇怪呀！田螺与田螺的差距怎么那么大呢？

我家小田螺最重感情了。虽然我不经常去看它们，但只要我一出现在瓶子面前，它们的头就会一反往常的慢慢吞吞，迅速伸出头，似乎在"嘀嘀嗒嗒"地吹着"小喇叭"迎接我。它们之间会互相拥抱，小田螺们用头互相交叉着，触角彼此地贴在对方的头上。它们的动作笨笨的，"喇叭"的嘴儿朝上撅着，一晃一晃的，好像在说："久违了，朋友，你这段时间睡得好吗？吃得多吗？"田螺之间最爱互相请客了。有时是两只田螺，有时是更多的田螺。最多的是十五只田螺，聚在有绿苔藓的地方。一只田螺用触角先碰碰苔藓，然后再将触角伸向同伴的嘴边。同伴的嘴一动一动地"吧嗒"着送来的美食。吃完了，它会像人一样咧开嘴"扑哧扑哧"地莞尔一笑，然后同伴再用触角重复对方的动作。大家的触角晃来晃去，嘴巴"吧唧吧唧"吃着，"哇啦哇啦"谈着。吃饱了，才依依不舍地扭着身子离开，散会了！我觉得它们有时比人还重感情呢！

我的小田螺还爱"学习"呢！我在瓶子旁边的黑板上贴了几张打印的《学记》。我站在这里读："发虑宪，求善良……"它们就会面向黑板方向的瓶壁聚集：有的本来就在这个位置；有的快速往这儿爬；有的慢悠悠的；有的一动不动；有的"小声背诵"，像在听我读《学记》……这让我想起YY课堂上非常老师召集我们小弟子上课时的情景："小弟子们，开始读吧！"

我的小田螺这么好，而我却对它们关注这么少，太惭愧了！我要尽心尽力地照顾它，让它带给我更多的快乐。

我心爱的宠物——小龙虾

陆天六

　　我心爱的宠物——小龙虾是叔叔在我生日那天送给我的。它浑身硬壳，披着红袍，肚皮上还有一条条褐色的斑纹，就像一名穿着盔甲的古代武士一样。它还有两只大钳子，那两只钳子可真厉害，被钳到的人，要是年龄小的话，准会哇哇大哭。平时，它举起两只钳子，在水里爬来爬去，不可一世，那样子实在滑稽，谁看见了都会忍不住哈哈大笑。

　　我是多么喜爱这只小龙虾呀！自从有了它，家里的各种玩具我都不感兴趣了。平时，我把养龙虾的小鱼缸放在写字台上。每天早上，妈妈来抹桌子，我总是自己亲手端小鱼缸，生怕小龙虾受惊了。小龙虾好像也懂得我的心思似的，每当我捧起鱼缸时，它就向我身边爬过来。我还每天给它换水，一星期给它洗两次澡呢！我知道，小龙虾也挺爱我的。一次，我去给它换水，小龙虾举着钳子，仿佛在向我致谢呢！我让小龙虾走出来，不小心被它钳住了，我疼得眼泪直在眼眶里打转，生气地把小龙虾扔在地上，小龙虾在地上爬来爬去，好像在请求我宽恕它的过错。我看着它那可怜的样子，就原谅了它，又把它放进了鱼缸。

　　可是，不幸的事还是发生了。一天晚上，我忘了给鱼缸加盖，第二天早晨，我发现小龙虾不见了，急得在家里到处乱翻乱摸。过了一会儿，妈妈在扫地时发现角落里有两只小龙虾的钳子，我顿时一屁股坐在了地上，哭了起来。我的小龙虾肯定是被那可恶的老鼠给吃了，妈妈也说，她半夜里好像听到过什么声音。这么说，小龙虾准是在夜里勇敢地和老鼠进行过一场搏斗。这么想着，我又产生了新的希望，小龙虾也许只是受了重伤，正躲在某个角落里疗伤呢……

小 白 兔

殷青青

兔子是一种极其温顺、可爱的小动物，我家就有一只。

它身穿白棉袄，两只雪白的大耳朵顶在头上，十分神气，一对宝石般的大眼睛一闪一闪的，再加上那短小的、毛茸茸的尾巴，更显得异彩非凡。

不过啊，最有趣的还是它吃饭时的情景，它最爱吃的是新鲜的小白菜和光滑的红萝卜。吃时用前爪捧起食物，先观察一阵，再不紧不慢地伸到嘴边，慢慢嚼了起来，三瓣嘴不停地抖动，胡须上下摇晃，十分好玩。如果它饿极了，见到你就会用四只脚抱住你，使劲地叫着。这时，你随手扔一把小白菜给它，它便飞快地跑过去，把小白菜衔到角落里，生怕别人和它抢似的，狼吞虎咽地吃起来。我就弄不明白，你干吗这样抢呢？

我家的白兔也像人一样，白天干活（打它的地洞），夜里休息。

为了照顾它的工作休息习惯，我特意在家里找了几块结实的木板，做成房子形状，在里面铺上一层木屑，上面还放上一层厚厚的干草。我原以为它一定会感谢我的好心好意的，想不到的是，它好像这房子不存在一样，每天晚上都睡在院子里的地洞中。

我觉得很奇怪，就去问奶奶，奶奶说这是白兔要生兔宝宝了。果然没过多久，一群更小、更可爱的小白兔出洞了，我真开心啊！

白兔啊白兔，你给我的生活带来了无限的乐趣，我打心眼儿里喜欢你。

四月蔷薇

　　小小的花儿开满了不高的围墙，在暮春的微风里，它们正朝我微笑。那种感觉，绝不是华丽的惊艳，也不是遇见世外仙姝般的惊鸿一瞥。就仿佛那年夏天，在蔚蓝的海边不期而遇的那个身穿白裙子的邻家女孩儿。

四月蔷薇

林　颖

　　每次上学放学，都能看到路边围墙上，那满满一丛、静静开放的花儿，粉色的、紫红色的，重重叠叠，淡淡的妆容，荡漾着无尽的春光。她的花形很像月季花，却比月季花要小得多。当她还没开出花朵的时候，我就喜欢上了那一面翠绿的墙。墙面上有一扇窗子，深蓝色的玻璃映衬着绿色的枝叶，好看极了！以至于我每一次路过，都要放慢速度，驻足观望。心里想着，哪天我也要给自己的围墙种下这样一片清新而又醒目的绿色。

　　直到有一天，朋友看到我拍的那些照片，惊叹着问我："这是哪里的围墙，好美的蔷薇！"

　　我这才知道，原来，她有一个如此美丽的名字，叫蔷薇，我一下子就记住了。

　　于是，我期待着蔷薇花开，如期待一个美丽的梦。

　　一场春雨就这样淅淅沥沥地来了。还没浇灌水泥的路面，一经下雨，就变得坑坑洼洼。于是，我绕道而行。两天之后，雨停了，当我再一次经过那面绿色的墙，我竟然惊喜地发现：蔷薇花开了！

　　小小的花儿开满了不高的围墙，在暮春的微风里，它们正朝我微笑。那种感觉，绝不是华丽的惊艳，也不是遇见世外仙姝般的惊鸿一瞥。就仿佛那年夏天，在蔚蓝的海边不期而遇的那个身穿白裙子的邻家女孩儿。娇小玲珑的模样，清澈明亮的眼眸，朱红色的唇，因羞涩而微红的脸颊，在记忆里挥之不去。

心事就像浪花，在海滩上次第开放。

于是，儿时的记忆因此而鲜活了。一次不经意的邂逅，就能让你想起那些缥缈的往事，在那样的青葱岁月里，白裙子飘过整个夏天，恍恍惚惚的背影时近时远，那道明亮的白色，晃得人眼睛生疼。

多年以后，再次相逢，你忽然读懂了她的背影。

当你第一次为她转身的时候，就注定了，她会走进你的生命。在你枯燥的生活中，注入一抹清新的颜色。那些缤纷的记忆，就像蔷薇的藤蔓，正悄悄爬进你的心窗。然后，在那里扎了根，开了花。而当你看着满墙的蔷薇花的时候，幸福的感觉就像那年夏天湛蓝的海水，一浪一浪地涌来，漫过周身……

那一刻，你尽可以安然地闭上眼睛，呼吸着蔷薇花的芬芳，享受那些美丽的回忆。

111

四月的蔷薇，就这样，安静地在围墙上吐露芬芳。四月的回忆也将因此而芬芳无限。

绿　水

李　敏

家乡是一块山清水秀的宝地。十几年的岁月轮回，一切都不再是那个记忆中的烙印，唯独那条河，依旧是那个熟悉的轮廓，滋润着一代又一代。

跑到河边，轻轻捧起一掌心水，依旧是那么冰凉，在光下折射出宝石般的绿色。绿色很快又与水相融了。水循着指缝缓缓回到河中，慢慢地流逝、流逝；我的倒影，渐渐地变小，变小……

儿时的我总喜欢在这条河中玩耍。一放学，便与几个伙伴跃入了她的怀抱，是她托住了我们，为我们洗去一天的疲倦。随后，几个朋友默契地围在一起，激动地手拉着手，把鱼儿圈起来"网鱼"，却往往只是一笑而过。水花四溅，我们在河边尽足了兴，河流就逐渐恢复平静，犹如一位慈母，替我们收拾残局。可是难道真的如此吗？

光阴似箭，日月如梭。天真烂漫的童心在水的冲刷下泯灭。失落、苦难向我们招手，融入我们平淡的生活。

考试是学习生活的必经之路，而失利与成功永远只是尾篇。每当失利的风暴向你席卷而来，你的内心往往是被苦闷与悲痛交织缠绕。此时一位好的老师格外重要。每个人都是如此。

每每考试失利漫步于河边，低头苦苦冥思，总希望她能为我带来少许的安慰，可是没有。是母亲事务太多，没时间，再等等吧。我往往用这来安慰自己。然而，这个等候换来的却永远只是无休止的等候。小时候那位母亲难道真的是她吗？

痛苦地跑回家去，却发现河上泛起了微弱的绿光，是那么有生机，有活力。这……脑海中，那微弱的绿涌了进来，如一个小太阳般释放着光芒，消散了我的疲倦与乏力。幼时的种种欢声笑语如潮水般涌上心头。我终于明白我错了。微弱的绿正是在告诉我真相。

绿，并不只是一种简简单单的色彩，而是一种能量的结晶。她是一位良师，能给我们带来安慰；她是一位慈母，给我们带来无微不至的照顾。不过她选择了默默无闻的奉献。她隐身于河水中，通过这媒介来给我们带来帮助。

回过神来，水已经漏完，而这绿又不知身在何处。抬头向远方望去，山上的树是那么郁郁葱葱，以前的我一直认为是河水养育了它们，可现在我知道了，这个始作俑者也是那位无声胜有声的绿小姐。

白居易说过："春来江水绿如蓝。能不忆江南？"我觉得这句话可以换个角度来讲。原意是看到江水绿怎么能不想起江南。可我认为应该是看到江南怎么能不想起江水中的绿。因为是江水中的绿小姐酿造了我们这生机勃勃的江南。

水，因有绿而绽放出无限生机，因有绿而成为"绿水"。缓缓流动在我心里，给我带来快乐与安慰，只因有她，绿。

我家的含羞草开花了

陈 彭

暑假里，一个阳光明媚的早晨，我无意中发现，我家的含羞草开花了。小小的含羞草给我们带来了大大的惊喜。春天时，含羞草还是瘦瘦的，矮矮的，好像营养不良似的。我每天早晨都要看看它，给它浇水，期待它快快长大。渐渐的，含羞草长出了新的叶子。叶片是羽毛状的，很像水杉。腰身也越长越粗，越长越高。慢慢的，它的茎部长出了刺，含羞草终于长大啦！大约一周前，我看到含羞草顶部陆陆续续冒出一些绿色的、团团的、表面凹凸不平的小东西，我就开始思考了：难道这是含羞草的果实吗？怎么会是绿色的？会不会有毒？为了个人安全，也为了含羞草更好地生长，我仍然每天浇水，静等真

四月蔷薇

相。今天真相终于破解，它们开出了紫红色的小花，全身是细细的花蕊，真像一个毛茸茸的小绒球，也像一位娇小、可爱、美丽的小公主！我连忙把这个好消息告诉了爸爸妈妈，爸爸放下手中的书本，妈妈丢掉手中的扫帚，乐颠颠地跑来观赏。"哇，太神奇了，含羞草竟然开花了！"妈妈喊道。突然爸爸不见了，又一溜烟地跑了过来，手里捧着相机，不停地"咔嚓咔嚓"，正面、侧面、前面、后面……全方位多角度地给这位小公主留下了一幅幅美丽的瞬间。

小小的含羞草为我的暑假生活增添了喜悦和欢乐。含羞草既然已经开花，离结种子还会远吗？明年暑假，含羞草必将更加枝繁叶茂，更加楚楚动人！

桃　花

王　静

读过叶圣陶先生的《荷花》，深深地被荷花的美所感染，我曾去过很美丽的桃园，深深地被桃花的美所感动，所震撼，以此仿写一篇《桃花》。

我曾去过桃园，远远地的就闻到一阵阵清香。抬头望去，一大片桃林映入眼帘，密密层层，像灿烂的云霞一般。我赶紧拉着爸爸妈妈往桃林跑去。

桃花已经大片大片地开放了，这边的一片洁白如雪，那边的一片嫣红如脂。粉色的桃花最多，像大片大片的锦缎一样覆盖着桃园。在这姹紫嫣红的桃林里，它们你不让我，我不让你，竞相展示着各自的风采。

桃花们各有各的姿态。有的独立枝头，迎风开放；有的三三两两地聚在一起，像是在说着悄悄话似的；还有的桃花是一簇簇的。在这桃林里，仿佛身在画中。

我忽然觉得自己就是一朵桃花，穿着粉红的纱裙，像一位美丽的仙女一样站在阳光中。一阵微风拂过，下起了无声无息的桃花雨。我随着桃花雨翩翩起舞，粉红的纱裙随风舞动，不光是我一朵，我的兄弟姐妹们也跟着舞蹈。风停了，我和兄弟姐妹们一起停止了舞蹈，小鸟在枝头叽叽喳喳地为我唱歌，诉说着春天的美好，蜜蜂嗡嗡嗡地弹奏着乐曲，告诉我春天的甜蜜……

爸爸妈妈轻声地叫着我，我才惊醒过来，原来我不是桃花，我是在赏桃花呢。

蝉

纪　静

烈日炎炎的夏天，植物都干枯了，小动物们都躲到阴凉的地方去了，只有蝉还在随心所欲地放声高歌！我情不自禁地想要把它捉回来，听听它那美妙的嗓音。我约好小伙伴，拿起矿泉水瓶，戳很多小孔，一边唱着歌，一边冲下楼。

我顶着烈日，竖着耳朵，四处张望，顺着声音冲了过去，没想到聪明机灵的蝉倏地一下飞走了。我顿时不敢动了，慢慢地挪动身体，环顾四周，突然发现了目标，对着小伙伴"嘘"了声，蹑手蹑脚地走过去，心里还有一阵紧张，爬上树下的水泥墩，"唰"地一下抓住了蝉，把它装在了瓶子里。这时，我们听到不远处另一棵树上有非常响亮的蝉鸣。这时我们已经轻车熟路了，抓到它时，突然看到有一条细细的水柱向前方射出，我的手全湿了，竟然是它的尿！它不停地叫着，可是，另外一只却鸦雀无声。我拿起那只叫得很欢的蝉，乌黑发亮的背上有一对透明的翅膀，不停地扇动，翻过面来，肚子上还有两个半圆形的盖片，一鼓一鼓的。等它停止叫声时，我摸了一下，竟然发出声音了！我心想，难道这就是它的"发音膜"？后来我才知道，雄蝉才会叫，另外一只应该就是雌蝉吧！回家后，看了一本有关蝉的书，蝉在地下待了整整四年，在地上只能待上短短的一个夏天，它的生命就走到了尽头，虽然蝉的生活很艰辛，但它把快乐歌声留给了我们。

我轻轻地抓起它们，推开窗，让它们越飞越高，越飞越远……

蚊　子

宁小新

　　一说到蚊子，我们就会感到无比反感。一天到晚在那里嗡嗡嗡乱叫、乱跑。趁你不注意时就叮你一口，你发现了准备去拍死它，它又"嗡"的一声逃之夭夭。送你一个又红又痒的包包做纪念。任你捶胸顿足、呼天喊地，也只能是望包兴叹，望蚊生气了。

　　我也很讨厌蚊子。尽管家里有蚊蝇拍、电蚊香、灭蚊喷，各式"武器"，样样齐全，但家里还是有那么几只蚊子。每天写作业的时候，蚊子总是哼哼哼地叫，像老和尚念经，又像老秀才读古文。真是烦心透顶，可恶至极。更可恨的是，蚊子哼哼就哼哼了，在哼哼之后它还要吸我的血。每次哼哼哼地发表长篇大论，说明它应该吸掉我的血，以填饱自己的肚子，填饱了肚子才能长大，长大后才能产卵。似乎在跟我打招呼："其实我也是迫于生计，没法子啊，伙计，你就老老实实让我吸一口血吧。"之后，才肯心安理得地降落在我的身体上，大口地吸起血来。而在这个时候，我会怒气冲天，想以迅雷不及掩耳之势把它置于死地。然而，当我摊开手掌一看，除了留在自己身上的手掌印外，哪里还能见到蚊子的半点儿踪迹呢？

　　但有一天，我正躺在公园的草坪上看书，正看到精彩的地方，忽然一只老蚊子"迫降"在我的手臂上，我却不想管它。第一，我看到精彩情节，拍死了回过头来，精彩全无，手上还沾了一手脏；第二，它是一只老蚊子，吸也吸不了多少血的。那只蚊子用针扎了我一下，起初，大概是太老了，针有点儿钝了，第一下竟然没有扎进去。它定了定神，重新猛扎进去。顿时，一种刺痛感钻进我的心里。它看我似乎没太在意，便大口大口吮吸起来。大概吸了半肚子的血，我开始用手挥它，让它走。心想，肚子饿了也不能在我一个人身上发泄呀。谁知它竟然扇动了一下翅膀，继续吸了起来，浑然不知自己还是一只老蚊子。后来肚子饱了，它抖动了一下头，似乎在我汗毛上擦嘴，大概在想："哦，终于吃上一顿饱的了！太幸福了，赶紧走吧。"然后飞了起来。它实在太饱了，肚子鼓胀得厉害，飞了两下，翅膀实在不堪重负，便重重地摔在了草坪上。它的腿颤抖着，我以为它在挣扎，实际上是风吹动的……其实，一些生命就在悄无声息中消失了。

　　蚊子是在水里诞生的，蚊子的幼虫叫孑孓，成年后变成蚊子。只

四月蔷薇

有雌性的蚊子才吸血。蚊子交配后，雌性蚊子必须靠吸血才能发育成熟、产卵。所以，尽管蚊子面对越来越"恶劣"的生存环境，它们仍然以各种方式顽强地吸食你的一点点血以保证下一代的繁殖。哪怕每次的进食都与死亡同在；哪怕垂垂老矣，仍竭尽所能多吸一点儿血，多产一些卵。正所谓"一'虫'一世界，一树一菩提"。

伞

费思柔

每当下雨的时候，看着手中的伞，我就会想起那把最美的雨伞。

记得那是一个灰蒙蒙的下午，我放学了。妈妈说她今天要参加一个重要的会议，不能来接我，我只能自己走路回家。可我刚走不远，调皮的雨珠娃娃瞒着乌云爷爷溜了出来。开始只有领头的几滴落下来，接着"千军万马"下来了。我这个没带伞的倒霉鬼只好蜷缩在角落里避雨。雨点顺着屋檐、树叶往下滴，在地上开了花。水花溅起来，溅在我的鞋子上、裤子上、衬衫上。我越来越焦躁。就在我一筹莫展时，班上的调皮蛋小刚看到了我，便幸灾乐祸起来："哈哈！可怜虫！竟然没带雨伞！"听了这话，我的眼泪像雨点一样落下来。雨越下越大，我的希望也在一点点地破灭。这时，小明走了过来，说："你没有带伞吗？我和妈妈共用一把伞，这一把借给你。"说着，把手中的伞递给我。当我接过伞时，心中的焦躁与不安消失了，取代的是感动。我愣住了，看到他和妈妈挤在小小的伞下，泪水又涌了出来，这次是感动的泪水。我一直呆站在那里，刚想说声谢谢，才发现他早已走远了。我撑着那饱含关爱的伞，虽然冰冷的雨点在身边划过，但是心里却无比温暖。

旁边小店传来一阵悠扬的歌声："如果人人都献出一点爱，世界将会变成美好的人间。"

蚂蚁搬食物

刘佳文

今天我来观察蚂蚁搬食物。

我先是撒下了几粒面包屑，等待着蚂蚁上钩。可等了一会儿，什么也没发生，我不甘心，将手中的大半面包放在地上。果然，没过多久，两只蚂蚁路过，看到面包屑，兴奋地颤抖了两下身子，还围着面包转了两圈，便兴高采烈地回去通知同伴们了。

两只蚂蚁一路上左歪歪、右斜斜地前进着。我顺着它们的行走路线看去，只见不远处的大榕树底下，有一个小洞，那就是蚂蚁的住处吧。

不一会儿，那两只蚂蚁带着一群蚂蚁大军浩浩荡荡出发了。一只大黑蚂蚁走在前面，似乎是它们的首领。那神情雄赳赳、气昂昂，仿佛在说："看哪，前面有我们的食物。伙计们，加速！"后面的蚂蚁像正准备参加大战一般，以军人的姿态一步一步地前进。在我眼前的，已经不是一群蚂蚁，而是，一个军队，一个身经百战的军队。它

119

四月蔷薇

们浩浩荡荡地向面包走去。

终于来到了，这个对它们来说，如同大山一般存在的面包面前。刚一靠近面包，一股浓浓的面包奶香弥散开来……

为首的那只大黑蚁，它触角抖了抖，两只脚各踢了一下，似乎对面包很满意，"伙计们，动手吧！"瞬间，蚂蚁大军如同长龙一般扑向了面包，有的正迫不及待在搬运面包；有的已深入了面包的内层，一口一口地享用着，好像在说"太好吃啦"；有的正耐心地将面包切割成一小块一小块的，方便搬运……

没过多久，面包已经被搬运一空，只剩下了一群蚂蚁仍在前进……

"众人拾柴火焰高，团结就是力量啊！"我不禁感叹道。

我最喜欢的水果

陈　晔

我最喜欢的水果是苹果。苹果常见的颜色有红色、黄色和绿色。红苹果红通通的，像要燃烧起来似的；黄苹果黄澄澄的，像披上了一件龙袍一样；绿苹果绿油油的，像一颗翠色欲滴的宝石。其中我最喜欢吃的就是红富士苹果了。红富士苹果圆滚滚的，一个大概有我的拳头那么大，拿在手上，轻轻摸上去，感觉很光滑，就像打了蜡似的。我把它放在鼻子边嗅了一下，一丝醉人的果香扑鼻而来，我忍不住了，咬了一口，一股清甜的汁水流入我的嘴中。它真是太好吃了。在苹果里有一个隐藏着的图案，你发现了吗？如果你把这个苹果拦腰切下去，你就会看见苹果上有一个清晰的五角星。是不是很有意思啊！

说到苹果，我这里还有一个问题：你知道最著名的三个苹果是哪三个吗？它们分别是亚当和夏娃吃掉的智慧苹果，砸到牛顿脑门儿上的引力苹果，还有被乔布斯咬掉一口的苹果。哈，你们说它们是不是很有名气啊。

苹果不但好吃，而且还有很好的寓意，它又叫平安果，所以在平安夜里人们喜欢互赠苹果，以求来年平安。另外，苹果红通通的，红色是喜庆的颜色，所以它又有吉祥如意的含义。苹果不仅有很好的味道，还有很有趣的故事，我怎么能不喜欢它呢？

我的名字叫橡皮

杨 奔

121

大家好！我的名字叫橡皮，我是小主人最喜欢的文具。

我听说我们橡皮是被一位叫普里斯特的英国人发明出来的，我还听说在发明出我们之前，人们是用面包屑来擦铅笔的。是不是很好笑呀？

我的长相很讨小主人喜爱。我穿着一身嫩粉粉的衣裳，四四方方，晶莹剔透的，看起来就像一块水果糖，仔细一闻，还有一股清新的苹果香。小主人经常会把我拿到鼻前闻一闻，嗅一嗅。

我还是小主人的好帮手。有一次，小主人在画画时，因为之前想画一个小人，后来又改变主意，要画一个小兔子，于是，就用我擦呀擦呀，擦到最后一看，呀！我变成了一个"非洲人"了，小主人拼命地拿水帮我搓呀，洗呀，终于，我又变得干净整洁了。这使得我看出了小主人对我的好，也使小主人看出了我对她的重要，从此，我成了小主人最疼爱的文具。

小主人有点儿粗心，有一次，她把我丢在教室的课桌下，我被小朋友们踩来踩去，踢来踢去，身上一块青、一块紫，疼得我嗷嗷直叫。我心想："小主人你什么时候来救我呀？你没有我怎么写字、画画呀，不会真去拿面包来擦铅笔字吧，或是用你的口水去顶替我呢？"后来，有位好心的小朋友把可怜的我从地上拾了起来，并送到老师的讲台上。小主人放学打扫讲台时，终于发现了我，小主人看到我的样子，眼泪"啪嗒、啪嗒"地往下掉。从那以后，小主人更加关心我、照顾我，再也没让我受过伤害。

我离不开我的小主人，小主人也离不开我，我要陪伴着小主人一天天地长大。

122

我最喜欢的游戏

张雨浓

周末的一天，我写完所有的作业，觉得很无聊，妈妈提议要跟我下五子棋，但是我们家没有棋盘棋子，我看着桌上的电脑出神，就对妈妈说："为什么不在网上下载呢？"妈妈高兴地试了下，很快就下载好了。

在妈妈耐心指导下，我率领着我的黑兵便上了战场。一开始，我还雄赳赳地冲杀在前，妈妈的白棋走一步，我挡一步，紧紧地追杀。妈妈是兵来将挡，水来土掩，结果，战着战着，我发现我的黑兵左边有三颗白将在厮杀，我的右边也被四颗白将紧紧地包围了。就这样，我死在了白棋的包围圈里。

第二局开始了，这下我学乖了，全力以赴。我想不能蛮干啊，要想到策略，学常胜将军赵子龙。一上战场，我一边走一边防，我发现了一个技巧：横看、竖看、斜看，不论怎么看，只要妈妈的棋连成三颗之前，我如果没防守，肯定会被生擒，有了这个发现，我眼观六路，耳听八方。这一局杀得是有惊有险，最后我终于躲过了重重包围和妈妈率领的狐狸队伍，这一局我胜出了。

这就是我现在最爱的游戏，只要我写完作业，我都要妈妈陪我玩一会儿五子棋，你学会了吗？要不哪天我们杀一盘？

123

爱 松 树

杨 琴

我最喜欢的植物是松树。

我们小区广场上就有四棵松树，它们就像四个高大、挺立的巨人一样。粗粗的树干上满是裂纹，像是用刀刻下的痕迹，摸上去粗粗糙糙的；它的叶子也不圆润，细细的，尖尖的，像缝衣服的针一样锋利，不小心扎到手上，还很疼。可是，它却总是不停地散发出一股浓浓的香味，香得独特，香得扑鼻。这香味总是吸引着我在它的树下玩个不停。

秋天的时候，苹果树结了苹果，柿子树结了柿子。苹果红通通地挂在树上，柿子黄澄澄垂在枝间。可松树呢，它把果实悄悄地结在树枝上，暗褐色的，个头儿还不大，虽然一层层的像个宝塔，但是它的颜色和个头儿实在让它不起眼。可是它的松子却格外的香，格外的有营养，每一粒松子都很小，可是每一粒松子都是精华，我特别喜欢吃煮松子，每次闻到煮松子的香，口水就先出来了！

冬天到了，下起了鹅毛大雪，大风呼呼地刮着。别的树都已经把头埋在雪里冬眠了，只有松树照样挺立在广场上。每次放学回来，看到它们，我就知道我要到家了。

我爱松树。陈毅爷爷说："大雪压青松，青松挺且直。要知松高洁，待到雪化时。"可我知道，不管有雪还是没雪，不管是雪化，还是未化，它的绿一直在那里，它的香一直在那里，它的高洁一直在那里。

美丽的春天

朝　阳

春天是美丽的，夏天是炎热的，秋天是金黄的，冬天是雪白的。但我最喜欢那美丽的春天。

春天是万物复苏的季节。小河里的冰融化了，水哗哗地流着，好像在唱歌；小鱼游来游去，好像给河水伴舞；小草发芽了，它们脱下了黄大衣，穿上了绿衣服，远远看去像是一条美丽的绿地毯；柳树长出了细长的叶子，这让我想起一句诗"不知细叶谁裁出，二月春风似剪刀"。

春天是五彩缤纷的季节。黄色的迎春花、粉色的桃花、白色的杏花都开放了。黄的似金，粉的如霞，白的似雪，美丽极了。它们都像一个个小喇叭，在吹奏春天的乐曲。春天是美妙动听的季节。

春天是美妙动听的季节。"啾啾啾……"小燕子从南方飞回来了。"呱呱呱……"小青蛙睡醒了。"哗哗哗……"河水欢快地向前流着，好像在合唱一首春天的赞歌。春雷隆隆，春雨嘀嗒嘀嗒，大树沙沙，各种各样的声音交织在一起，仿佛一首快乐的交响乐。

我喜欢这个万物复苏、五彩缤纷、美妙动听的春天。

夏日的小区

孙优扬

随着春光的离去，夏日的脚步慢慢走来，也带来了小区另一番风景。

走在小区的石板路上，那些花儿正竞相盛开。有的洁白如雪，仿佛一朵朵棉花映衬在树丛里；有的红艳似火，仿佛一串串辣椒挂在枝丫；有的金黄灿烂，又仿佛一颗颗宝石点缀在草丛。

四月蔷薇

抬头看那树枝郁郁葱葱弥漫在眼前。微风拂过，树叶沙沙作响，宛若精灵在窃窃私语；狂风骤雨下，树枝拍打着，像是巨人在鼓掌，豆大的雨滴将嫩叶无情地打落一地，我好像听见了落叶的哭泣。

而我最喜欢看那些在小区活动跳跃的身影。第一缕阳光洒下，头发花白的老人们在广场上有的舞剑、有的踢毽、有的打太极，更有那一张张稚嫩的笑脸背着书包走在晨光里；中午的骄阳下，人们都躲在了屋里，只有门口的保安员、送邮件的快递员、拎着食物的外卖小哥还在如火的阳光里努力工作着；晚风徐徐而来，小区的路又开始热闹起来，有手挽手散步的年轻夫妻，有牵着小狗溜达的老人，还有奔跑、骑车的孩童们，嬉笑吵闹声不绝于耳。

终于，月亮升到了半空，小区里一盏又一盏的灯光熄灭，一切又归于平静。伴随着夏日的虫鸣蝉叫，我也要睡了。

我眼中的秋天

周 文

炎热的夏天过去了，凉爽的秋天来了。有人说，秋天是黄色的；有人说，秋天是红色的；但在我眼里，秋天是五彩缤纷的。

让我们找一找秋天在哪里？啊！找到了！找到了！

花园里，开满了五颜六色的花。有粉色的牡丹花，有红色的月季花，还有淡黄色的桂花……我最喜欢的是百合花，它们洁白无瑕，似雪如玉，绽开了张张笑脸，送来了阵阵浓郁的清香。秋天的花园真是五光十色呀。

　　果园里，各种果子都成熟了。苹果树上结满了一个个红艳艳的苹果，像一颗颗闪亮的红宝石，葡萄架上挂满了紫盈盈的葡萄，像一串串珍珠，摘一个放进嘴巴里，酸溜溜，甜津津，真是百吃不腻呀。柚子树上挂满了"成千上万"的柚子，差点儿把树都压弯了。秋天的果园真是果实累累呀。这让我想起了苏轼的一句诗：一年好景君须记，最是橙黄橘绿时。

　　田园里，庄稼长得真丰盛。青菜绿油油，茄子穿紫袍，又大又圆的是南瓜。今年的麦子长得特别好，麦穗沉甸甸的，把麦秆都压弯了。远看一片金黄，近看像金子一般。一阵风吹来，麦穗点头弯腰，仿佛在说："快来收割吧，快来收割吧！"秋天真是丰收的季节呀。

　　很多人认为春天是最好的，但在我眼中，秋天才是最好的，因为秋天是美丽的季节，是果实累累的季节，还是丰收的季节！我爱秋天！

127

洛　　雪

陈雨茗

　　雪花侵袭着大地，肆无忌惮的，虽然没下多久，一小座雪山已堆在后视镜的角落。要回西安了，我有些激动，以至于天空中，还只微微泛着红晕，就趴在阳台边遥望，离开了温暖的被窝。

　　洛阳，文化名城，十三朝古都，下起了她今年的第一场雪，纷纷扬扬的，那鹅毛般的雪片，五千年文明的醇厚夹杂着，新年钟声的喜悦残留着，轻轻地，轻轻地从空中坠了下来。

我把窗户打开了一个小缝，寒风、雪花如潮水般挤了进来，还没来得及开大，便急忙把窗户关上，避免感冒。我的手上落了一片雪花，起初凉凉的，那感觉就像炉火中的一块冰。

没过多久，它融化了，我的手中只剩下一摊明镜般的水，这一摊水，顺着手上的纹路流过，聚集手心，形成一滴透明的琥珀，我吮吸着这滴雪水，隐隐约约感到一丝说不出的甜，虽然只有这一滴。

破晓。太阳只露出毫不起眼的一块，洛阳城中已是一片明亮。已经7点过了，街道上没有一个行人，只有握着竹编的扫把、起早贪黑的清洁工，在清理街道上的积雪。大雪把洛阳装扮得像圣白城，他们黄绿相间的工作服，特别鲜艳，尤其是在白茫茫的雪原中。

早饭。来到宾馆餐厅，我专门选了个靠窗的位置坐下。黎明展示出原始的美，片片的雪花折射出太阳特别的金辉。现在道路上的车多了起来，非机动车道成了自行车的天堂，雪层上，一条条轮胎清晰地印着，一条条花纹纵横交错着，点缀着白茫茫的道路，如同风格迥异的图案。

此时，一位老爷爷带着一个小男孩儿吸引住了我的目光，老爷爷戴着一顶老式的雷锋帽，穿着一件深绿色的大衣，右手拎着绿色的蔬菜，左手牵着小男孩儿。小男孩儿身披一件红色的棉袄，戴着一双毛线织的手套。人行道上的积雪已堆积在草丛中，人行道的中央干干净净，小男孩儿不走中央，非要拿手去拨弄灌木上的冰晶，右手拽着老人，左手时不时会揪下一小片冻成固体的树叶。他看着手中的树叶，眼睛瞪得大大的，像新生儿刚刚见到太阳。他把树叶伸到嘴边，舌头轻轻一舔，抬起头，望着空中逐渐变小的雪花，嘴里品味着雪花的甜味……

哎呀，快8点了！不觉发现，出发时间到了，手表闯进我的眼帘，我赶忙吃完碗中的饭菜，披上大衣，向车子奔去。

　　前往高速的路上，车子行驶着，我坐在副驾上，看着窗外，车轮驶过之处，雪如薄雾从路中央散开，在路面上"飘摇兮若流风之回雪"。后视镜中粉妆玉砌的洛阳，心中充满着对她无限的回忆，回忆着那片片雪花，回忆着那优美的雪景。人已坐在车上，心仍留在洛阳。

四月蔷薇

别样的风景

　　曾有一位画家，用自己的画笔，记录下了秋天山中的小院。那四周的枫叶，让人不禁猜想，当初，谁住在这里？让人不禁想进入这间小院，寻找小院里尘封的生活记忆，探寻小院里锁住的"画语"……

爱在秋意渐浓时

王　璐

入秋了，风只要轻轻地一吹，树叶便洋洋洒洒地从枝头飘落，掠过身边时，还残留着一丝夏的气息。虽然穿着外套，起风时还是略冷，我不由地夹紧外套，快步跑向电话亭。

虽是九月初，但电话亭的雨棚上却堆积起了残叶破片。秋来得真快呀！我暗暗思忖着，同时拨通了妈妈的号码。

"嘀——嘀——"

听筒里断断续续地传来声音。班主任下午才发了电话卡，三天都没与妈妈通话了，一下课，我就冲了出来。

"喂，谁啊！"

电话那端传来熟悉的声音，是妈妈。

"妈，是我啊。"

"璐璐，是你啊？你们发了电话卡啦？今天冷着没有？肚子饿了吗？……"

我都住过一年校了，而且已经上初中了，妈妈仍旧如此担心我。想必接下来她一定会问我的上课情况、人际关系。

"别问了妈，我一切都好，没有缺胳膊少腿的。"我不耐烦地打断了妈妈，防止她问个没完没了。

"哦，我……我只是关心一下……"妈妈的语气有点儿委屈，略带伤心。我没有吭气了，好让妈妈把话说完。

秋风又卷起落叶，顺带卷起我满身的鸡皮疙瘩，我用肩膀夹住电话搓了搓手，又换了个姿势，倚在电话亭旁。

"你，不冷吧？"妈妈怯生生地问。

我抖抖肩，一边把领口裹住脖子。

"还行吧，有校服外衣，不冷。"

电话那头似乎长舒了一口气，但又马上严肃起来："你们校服太薄了，这可不行。"

"那怎么办？"我还是有点儿不以为意。

"这样，我在你寝室的柜子里放了一件外套，就在那床棉絮后面，好好找一下，冷就披上……"

妈妈说到这里，我不由地想起六年级以前的日子，每当天气不阴不晴时，我时常穿件衬衣就去学校，而妈妈马上塞件外衣在我手里。我和爸爸有时还会打趣地开玩笑，但妈妈都是一笑而过，因为她的预期总是正确的。

"嗯，待会儿回去我一定找。"

我的回答让妈妈喜出望外，电话里散出一丝兴奋的暖流。

"妈，现在快10点了，您早点儿睡吧，我找找衣服，洗漱一下就睡了，别睡太晚。"

"嗯，晚安，你晚上不要冷着哦！"

"晚安，你也是。"我笑了，电话的另一端传来同样的笑。

"好，晚安。"

"嗯。"

我轻轻挂上电话，拔出卡，转身走回寝室。虽然中秋节已过，但今夜的月亮似乎也是那样的明朗。

别样的风景

伍艺丹

　　秋，经历了春的欢乐、夏的炎热，变得更加沉稳、庄重了。秋，像一涧潭水，那么清澈；像人的眼眸，那么明亮。

　　秋天的云，那么富有神韵。一会儿，天空只留下了几丝云，随意地飘动着，挥舞着，就像迎风飘舞的旗帜，又像是丹青大师在宣纸上随意涂抹的几笔，使人充满无限的遐想。丝丝缕缕的白云，无忧无虑地飘着，没有一点儿牵挂，没有一点儿留恋。一会儿，又一团团、一层层厚积在一起，就像散落在大地上的湖泊一般零碎，又像用浓墨渲染的中国话一般厚重，在天空中留下重重的一笔。秋天的云，是那么富有神韵。

　　秋天的风，是恰到好处的。它不像春天那样轻柔，不像夏天那样燥热，也不像冬天那样猛烈。秋天的风，让人从头到脚都感到出奇的凉爽。秋天的风，是纯洁的，不带有一丝杂质，让人联想到李峤的"解落三秋叶，能开二月花"。当秋风轻抚我面颊，我仿佛忘却了所有的烦恼，甩掉了所有的不快，天地间好像只剩下了快乐在我身边盘旋。秋天的风，刚刚好。

　　秋天的山，是层林尽染的。大山从春天的新绿，变成夏天的深绿，最后，变成了秋之五彩。那颜色，无比纯洁，仿佛能让你的心融化。那颜色有的浓，有的淡，甚至有些山林还变成了深红色。这些颜色，宛如上帝把颜料慷慨地洒向山间。山林，就像换了一件秋天特有的外衣，到处都是一片五彩。山上，层林尽染。

曾有一位画家，用自己的画笔，记录下了秋天山中的小院。那四周的枫叶，让人不禁猜想，当初，谁住在这里？让人不禁想进入这间小院，寻找小院里尘封的生活记忆，探寻小院里锁住的"画语"。天边，还有几只鸟儿，让人想起《滕王阁序》中的一句："落霞与孤鹜齐飞，秋水共长天一色。"这，便是秋天的韵律吧。

秋，沉稳，庄重，纯洁，毫无杂质，让你的心灵也不由得静了下来。让我们一起，放声歌颂这秋天吧……

郊　外

邹卓庭

假期，我和妈妈到郊外游玩，走在路上，突然看到路边有一片枫叶，我弯腰拾起树叶。"好漂亮的叶子！"妈妈说。我们一起观察，发现它有五个尖尖角，而每个角都不是平滑的，像是被木匠加工过一般，长有大小不一的锯齿，用它轻轻地扎我的小手，有点儿疼，我想稍用力肯定能把我的手扎破。叶子上一块黄，一块红，有的地方黄里透着红，红里透着黄，能清晰地看到黑灰的叶脉。

我想收集更多的枫叶，抬眼往四周查找。"哇，妈妈，快看，那儿有一棵枫树！"我惊叫起来。在路的右前方不远处有一棵火红的枫

别样的风景

树，树上的叶子有的红，有的黄，有的还在空中飞舞，像蝴蝶，像花瓣。"走，我们到树下去看看。"妈妈说。我们小跑过去，发现树下已经集着一地的枫叶，有的已经被路人踩脏，有的还是干干净净的；有的是完整的，有的已零零碎碎，快被碾成泥了。我们踏在树叶上，发出沙沙的声响，软软的，像是踩在海绵垫子上，又像是踩在茂草上。我拣了些树叶，和妈妈继续往前走。

来到一条小溪边，妈妈停住了，对我说："宝贝，还记得那首词吗，枯藤老树昏鸦，小桥流水人家，你往右边看，是不是有点儿像啊？"我寻着妈妈指的方向，发现右前边，小溪旁，又有两株枫树，枫树不高，但叶子却很茂盛，而且火红火红的，倒映在水中，像是把溪水都染红了。小溪的尽头，横卧着一座青色的石拱桥，拱桥的一头，接着两户人家。"是的妈妈，只是枯藤老树不太像，这两棵枫树应该还是很年轻的。"

我们往那两户人家的方向继续前行，发现这里不只是两户口人家，这是一个不小的村子，村子里到处都是枫树，一边火红，一边黄。在一棵枫树上，挂着一把秋千，秋千上坐着一个女孩子，女孩儿穿着绿色的连衣裙，留着长发，光着脚丫，两手紧握着秋千绳，嘴里哼着小曲，正在一上一下地荡秋千。她的裙摆、长发随着秋千在空中飞舞。妈妈叫我去和她玩，我说："那是女孩子的游戏，才不要玩呢。"其实我只是不好意思，我也很想荡两下，在空中、在飞舞中观赏这美景，感觉会不会更美呢？

郊外真美，郊外的枫树更美！

江滩芦苇

张 彦

　　我去汉口江滩玩飞盘，却被远处白茫茫的芦苇吸引住了。远远看去，灰白的天空与灰白的芦苇连在了一起，非常壮观，像一片片戴着白帽的军队在操练。"军队战士们"穿着绿白相间的军服，你挤我、我挤你地摆成一块又一块的方阵。方阵之间是一条宽阔平坦的道路，好像是专门留给将军来视察的路。走近看，芦苇花上面有许多小穗穗，小穗穗上面有很多又细又白的毛。摘一根芦苇拿到手上，毛茸茸的，好像我在摸一只玩具熊。在脸上擦一擦，还有些痒呢！芦苇的叶子细长细长的，中间有一道白色的线。我好奇地擦了一下叶子边缘，"哎哟，好疼啊！"低头一瞧，原来手被芦苇叶子划破了。原来这貌似软绵绵的叶子，也有锋利的一面啊，就像是战士们的宝剑长刀一样。这里的芦苇特别高大茂盛，最高的有两米多呢。我忍不住和高高的芦苇比了比身材，结果发现跳起来都没它高。站在芦苇丛中，高高的芦苇花穗穗无精打采地低着头不理我，像睡着了一样；一阵风吹来，穗穗忽然醒过来了，在风中跳舞着，各自有各自的舞姿，有的在跳圆圈舞，有的在跳摇摆舞，可爱极了，好像在为我表演节目呢。

　　芦苇的穗穗有什么用呢？芦苇的叶子和穗穗为什么会那么长呢？我真想弄明白。

学校的白杨树

赵 莉

　　我们学校有几棵白杨树，它们高大粗壮。你知道白杨树的名字怎么来的吗？据说，杨树生长迅速，是最早形成遮阳作用的树；还有一种说法，杨树高大挺拔，树冠有昂扬之势，这就是杨树得名"杨"的原因。

　　春天到了，小草发芽了，大树长出了新的叶子，可是杨树先长出一个小骨朵儿。它慢慢地长大，长成了一个像毛毛虫的白杨环儿。如果风一吹，会发出"沙沙"的声音，一个个"毛毛虫"飞快地从树上"爬"下来。白杨环儿可以入药，也可以做菜。我还用它做了一次拌豆腐呢。我尝了尝十分苦，就像吃药一样苦。夏天到了，杨树叶子一天天长大，一开始，一片片叶子像一个个小心形，最后，片片叶子像一个个手掌。这时，我们可以在树下乘凉。风吹来了，发出了"哗啦哗啦"的声音。我们好像在听一首美妙动听的音乐。秋天到了，叶子变黄了，纷纷地从树上落下来，像蝴蝶在翩翩起舞。落下的叶子可以当肥料。冬天到了，杨树正在储存养分。过了几个春夏秋冬，杨树变得十分粗壮，可以造座椅、造纸张，作用十分大。

　　我爱白杨树。

我家的牵牛花开花了

林晓玲

前段时间，自然老师给我们每人发了两粒牵牛花的种子。我心想，这两个小家伙能带给我怎样的惊喜呢？

我取出花盆，倒进花土，用手拍一拍，再用手指挖两个洞，小心翼翼地把这两粒种子分别埋进洞里，再用手压一压，就这样，两粒种子在花盆里安了家。

过了几天，一粒种子冒芽了，而另一粒却一点儿动静也没有，永远地沉没在了土中。我把花盆放在阳台的架子旁，希望它的枝蔓可以顺着架子生长。可是这粒种子偏偏是个犟脾气，爬玻璃、爬阳台……真可谓"无所不爬"。细长的茎绕来绕去，足有三四米长。新长出来的茎是绿色的，渐渐变成了白色，后来又变成了深红色，继续长，又变成了绿色，就这样反复循环、循环反复……牵牛花的叶子是心形的，绿绿的，上面有密密的、白白的绒毛，我猜这些可爱的小绒毛是叶子的"保暖卫士"。每天我都会给牵牛花浇水，水珠在叶子上滚动着，就像一粒粒晶莹剔透的珍珠。

昨天早上，在一片绿绿的叶子丛中，我发现了一朵小花苞，没想到这个无所不爬的犟脾气，竟带给了我惊喜。这可是我第一次亲手种下的种子，见证了它的成长，就像爸爸妈妈见证了我的成长一样。我

别样的风景

猜它后天就能开花，可是出人意料，今天一大早就开花了。原来这个犟脾气还是个急性子。牵牛花是蓝紫色的，像一只小喇叭，把我家的阳台点缀得格外美丽。"嗒嘀嗒，嗒嘀嗒"，牵牛花吹起了小喇叭。

我赶紧取出相机，"咔嚓"给这个犟脾气留下了精彩一瞬，并记下了这些文字，装进它的成长档案。

大 榕 树

郑 超

今天，我们一行十几人来到了桂林。听说这里生长着一个非常奇特的大榕树，我们便兴奋地前去观赏。据说大榕树非常大，主干直径就有七米之多，高十七米。它占地面积有一千多平方米，而大榕树的年龄已经有一千五百多岁了。

带着对大榕树的好奇，我们走进了大榕树景区。向左望去，便看到了大榕树的身影。大榕树枝繁叶茂，远远望去，好似一把绿色的巨伞。一步一步，我们慢慢地接近了大榕树，来到了它的树荫下。夏日的炎热立刻被驱散了许多，阵阵凉爽扑面而来。只见它的叶子嫩绿嫩绿的，一层接着一层，一个挨着一个，将阳光完全阻挡在外，不给阳光留一丝缝隙。这样的凉爽，让我很想在大榕树下睡上一觉。

我趴在围栏上，想看清大榕树的全部面目。猛地一看，我还以为这里有许多树，因为有好多扎根的树干。可仔细看来，却发现只有一棵大榕树。它不同于其他种类的树，别的树的枝干全都是往上长的，而它呢，正中间有一根最粗的主干，其他枝干一部分向上长，大部分却横着长。这些横枝干越来越长，终于支撑不住它的自身重量了，少数横枝干上出现小的分枝掉了下来朝下生长。而朝下生长的枝干一碰到地面，就又生了根，变得越来越粗壮，再从侧面长出新的枝干，所以看起来犹如一棵棵小榕树一样，好像大榕树的子孙们。

哇，最有特点的是一个非常粗壮横着长的枝干，它的粗壮和主干比起来毫不逊色，我估计直径也有五六米，因为过于重，它几乎是贴着地面生长，却依然生长了十几米，这才分出一个小枝干，让它向下生长，再次扎根。这个扎根的小枝干支撑着这个横枝干的重量，是"小树"里最粗壮的一个。它真棒！

大榕树的奇特和枝繁叶茂是任何一棵树都无法比的，让它获得了"独木成林"的美誉。我想，大榕树如果没有这些分出来的子孙们扎根，来支撑它各个横树干的重量，它可能不会活几千年。看来不论任何事情都是集体的力量大呀！

141

白　掌

朱丽娜

我喜欢各种植物，尤其喜欢我们家里的各种盆栽。不必说有着南国情调的高雅的巴西木，不必说被称为"生命之花"的绿萝，也不必说"至死不渝"的沙漠玫瑰，单是白掌，就让人有说不完的喜爱。

白掌是家里常见的一种花卉。它那碧绿的叶子清新优雅，远远望

别样的风景

去，像铁扇公主的芭蕉扇，又如一块块绿宝石。走近了，细细观察，叶片上的叶脉向四面扩散，似潺潺的流水，似小小的迷宫。轻轻抚摸叶片的表面，柔软无比，犹如亭亭的女孩儿的裙。层层的叶子中间，抽出一片片嫩绿的新叶，在深绿色的老叶子对比下娇艳欲滴。它们有的打着卷，跷着二郎腿；有的努力伸展自己的身子，打个哈欠，伸个懒腰；还有的将自己裹得紧紧的，不敢露出它的小脑袋。

片片绿叶之中，两朵小小的白花探出了头，一朵袅娜地开着，一朵羞涩地打着朵儿。看！一支细长的茎从层层绿叶中伸出，茎的最高处顶着一朵完全开放的白色的花。花瓣洁白如玉，好似一个半握着的手掌，因此得名"白掌"；它又如一叶小船上白色的船帆，所以它的另一个名字叫"一帆风顺"。"手掌"里握着的，就是它的花蕊。花蕊呈椭圆形，嫩黄嫩黄的，上面扎满了一个个小刺。虽然摸着并不疼，但是狼牙棒形状的花蕊却让人"望而生畏"。瞧！另一朵小花羞涩地躲在几片叶子后面，花瓣裹住了花蕊，正含苞待放；花蕊也正努力生长，已经将卷卷的花瓣冲开一个小口子，可以看到花蕊淡绿色的皮肤。

外表看白掌亭亭玉立，弱不禁风，其实它也有顽强的生命力。记得好几次，我们忘了浇水，它的叶子黄黄的，个个耷拉着小脑袋，奄奄一息。但当我们小心翼翼地揪掉枯黄的叶子，将盆里浇满水，叶子上喷足水，一会儿的工夫，它不仅抬起了头，挺直了腰板儿，而且片片叶子绿油油的，还发着光，好像在感谢我们迟来的爱。

我喜欢白掌，喜欢它的婀娜多姿，更喜欢它那在逆境中不屈不挠的精神。

第一次坐飞机

牛欢弈

今年国庆节，妈妈带我去桂林旅游。回程时坐的飞机，这可是我第一次坐飞机呀！

机场好大啊！晚上8点的机场，人还是那么多。看着人山人海，我就好像是这山里的一块石头，海里的一滴水珠。要把整个候机厅塞满，得需要多少人啊？候机厅一排排的座椅整齐划一，我们转了好几圈才找到一个座位。走到窗边，隔着大玻璃，向机场望去，我看到了许多架飞机，它们像一只只大白鸽，有的排着整齐的队，有的慢慢地滑向登机口，还有的停在候机坪装货物。我在想，大白鸽那么高那么大，我们怎么样爬上去呢？这时，扩音器传来了播音员柔和的声音："北京的乘客请注意，TA1472号航班正在请旅客们登机。"妈妈领着我走向登机口，哦，这下我明白了，原来登机口处有一个很高的云梯，把候机舱和飞机连在了一起，这样我们便可以直接从候机厅顺顺利利、平平稳稳地登上飞机了。

我很想知道大白鸽肚子里长什么样，大白鸽的肚子有多大。走进机舱，看到了一排排的座椅，就像走进宽敞的电影院一样。妈妈告诉我，最前面的，是特等舱，再往后，是一等舱和二等舱。

不一会儿，大白鸽肚子里装满了人，乘务员也抓紧时间熟练地为

别样的风景

我们讲解救生衣的穿法。我看到外面的云梯静静收起，大白鸽的门缓缓关上，慢慢地滑向跑道。

外面的跑道很宽，大概可以让六辆公共汽车齐头并行。路边有五颜六色的指示灯，向远处延伸，像一条彩龙欲住欲飞。

大白鸽的起飞像我平时爬楼，先跑几步，上一个台阶，再跑几步，又上一个更高的台阶。只见大白鸽滑到正式的跑道后，稍一喘气，仿佛深吸一口气，"轰"的一声提速，"嗖"地一下展翅飞上了天。我顿时感到心紧紧地抽了一下，好像心被抽到了嗓子眼儿。等大白鸽飞得平稳了，我的心才慢慢地回到了肚子里。三个小时后，大白鸽才缓缓落在了北京机场。

第一次坐飞机，是这次桂林旅游中最让我难忘的体验！

144

滑　索

师立刚

今天我们起了个大早，伴着清晨的凉爽舒适，到了龙宫地质公园游玩。

龙宫景色很美，到处都是绿油油的，到处都是柔软的青草味伴着泥土的气息，我们在山里走了好久。在返回的途中，为了节省一部分体力，我们选择了滑索。

我以为索道就是以前坐过的缆车，坐在玻璃罩子里，一边任它慢悠悠地走着，一边可以欣赏下面美丽的风景。可是到了以后，才发现并不是所熟悉的缆车。滑索，是把帆皮绳缠在身上，人整个悬在半空，人挂在以钢索为轨道的运输设备上，从这里飞速地滑到对面，让人看着都觉得恐怖。

　　我有点儿想打退堂鼓，可是妈妈说："既然到这里了，就不能走回头路！"我的心里七上八下的：万一掉下去可怎么办啊？地下可是万丈深渊哪！这时，只见同去的小妹妹神情自然地上了索道，轻松地到达终点，我这才迫不得已决定滑索。

　　帆布绳在我的腿上、腰上紧紧地缠了几圈，把我挂在了滑索的挂钩上。可是我还是感觉没有安全感，望着索道下面茂密的树丛，想着下面的万丈深渊，我正犹豫着要不要放弃。可是工作人员根本不给我思考的时间，把我轻轻一推，我便"哧溜"一下滑了出去，飞快地在索道上行驶着。刚开始速度太快，我不敢睁眼睛，双手紧紧地抓着粗绳，生怕一不小心掉了下去。耳边呼呼的风声和啾啾的鸟鸣声在回响。速度稍慢了下来，我才敢睁开眼睛，上面，是蓝蓝的天、白白的云，左面，是郁郁葱葱的绿树，右面，是下山的人们。我不想向下看，可眼角的余光却瞥见了底下的一个大坑，仿佛是一个怪兽，正张开大口，好像在等待着我掉进它口中。吓得我赶紧将目光定格在前方的终点站。

145

　　终于到站了！滑索只用了几分钟，我却感觉好像过了好长时间。当工作人员帮我解绳时，我仍在回味：其实只要不往下看，并不是很可怕，而且以后一定要多尝试新事物，这样才会让自己内心更强大。

游泸定桥

郝 翰

"红军不怕远征难，万水千山只等闲。"这慷慨激昂的诗句，让我眼前浮现出红军万里长征时遇到的种种困难，泸定桥便是其中一个难拔的钉子。怀着对泸定桥的好奇，假期的一天，我们有幸来到了泸定桥旅游。

泸定桥位于中国四川省西部的大渡河上，桥长一百零三米，宽三米。它又称为铁索桥，十三根铁链固定在两岸桥台落井里，九根做底链，四根分两侧做扶手。泸定桥的九根铁索上，铺满了一块块淡棕色的木板，也许是因为岁月的摩擦，这些木板早已失去光泽。我走到泸定桥上，桥面立刻开始晃动起来，木板也"咯吱咯吱"作响。随着桥面的抖动和那"咯吱咯吱"的声音，我的心也一抖一抖的。我紧紧抓着一旁的铁索，马上感觉到了刺骨的冰凉。向下望去，汹涌澎湃的大渡河映入眼帘，大渡河深不见底，河水像猛兽一样怒吼着、咆哮着，张牙舞爪地翻滚着，撞击着两岸，轰隆作响，这声音不断灌进我的胸膛，使我赶紧移开目光。向前方望去，眼角的余光瞥见了泸定桥上闪着寒光的、冰冷的铁索，这铁索，使我眼前浮现出一幕幕激烈的场景。

1935年5月上旬，中央红军长征从云南省巧渡金沙江后，沿会理至西昌大道继续北上，准备渡过大渡河进入川西北。红军要渡过大渡河，必须先要夺取泸定桥，因此，红军战士们不吃不睡，跟敌人的援兵抢时间，率先抵达泸定桥。泸定桥上的木板已经被敌人全部拆掉，只剩下光滑的铁索。前面，是守城的敌人，下面，便是让人望而生畏的大渡河，红褐色的河水撞击着岩石，涛声震耳欲聋，使人心惊胆战。可是我们可敬的十八名勇士组成了突击队，身背短刀和木板，怀揣手榴弹，在敌人猛烈炮火的攻击下，不顾生命危险，冲上泸定桥，一边向前移动，一边用木板铺桥，勇敢地和敌人厮杀。经过两个小时激烈的战斗，终于夺下了天险泸定桥。

怒吼的大渡河，把我又拉回了现实。我抚摸着铁索，红军战士不怕困难、不畏艰险、奋勇杀敌的精神真让人可叹、可敬！想想现在，我们的幸福生活都是红军战士用鲜血换来的，多么来之不易。遥望未来，作为新一代的青少年更肩负着重担，所以我们遇到困难、挫折时，不要退缩，要勇往直前。

"少年智则国智，少年富则国富，少年强则国强，少年独立则国独立……少年雄于地球，则国雄于地球！"我们一定要好好学习，将来报效祖国，为国争光，使中国成为世界强国。

横渡黄河

付竹生

我坐过各种各样的汽车，也乘过大大小小的轮船，却从没有坐过能带着汽车过黄河的轮船。今天早上，我坐着车，带着满怀的好心

别样的风景

情，来到了黄河边上，准备感受一下船载车横渡黄河。

　　我望着这波涛汹涌、深不见底的脏兮兮的黄河，心里纳闷儿了：怎样才能开着车到达对岸呢？这时，远处一声大吼打断了我的思想："你们要到对岸吗？"我循声望去，只见一个年老的长者，站在一艘足有五辆大卡车大的船上，向我们招手。和我们一起去的叔叔答应了一声，船上的人就操纵着大船，向我们缓缓驶来。船推动着水，水波便向周围扩散，水波离我们越来越近，忽然，"哗"的一声，撞上了岸边，立刻，又好似天女散花般，化为一颗颗细小的水珠，掉进河里。

　　船横着靠近了岸边，将一个专门供车上船的架台，缓缓停放在早已被车轮轧出痕迹的泥土上，原来这样就能让车顺利地开上船。一起的叔叔钻进车里，驾驶着车，小心翼翼地向船上开。车的两个前轮轧在了架台的边缘，只听"唔——"的一声，随着车身上下一颠，汽车就稳稳地停在了船上。我们走上船，正在担心船会不会支撑不住四辆汽车的重量，船就已经慢慢地向对岸驶去。顺着哗哗的流水声，我向下望去，只见黄河的水如同镜子被人划破一般，被我们的船轻轻撕开。那被划破的水变成水波，如流线一般优美，弯曲着扩散开来。我抬起头，向左远眺，看见黄河的水顺流而下，欢快地流向远方，又调皮地一转弯，使我看不见它的尽头。远处，还有几艘大船，也在帮着来回运车。站在船上，我有着一种车船一体的特殊感觉，望着黄河，我也感受到了它的汹涌澎湃。

　　船的一声鸣笛，使我又回过头来。向前看去，发现船已经靠岸了，人们纷纷走下船，车也都发动起来，向船下开去。我下了船，回头告别这第一次见到的大船，和这难忘的黄河。

黄果树大瀑布

李应天

　　早就听说过贵州的黄果树大瀑布，风景雄伟壮丽，中外闻名，堪称亚洲第一大瀑布。今年暑假，我和妈妈终于有机会前去观赏。一路上，我的眼前似乎出现了飞瀑的样子，让我迫不及待地想要看到它。从贵阳出发两个小时后，我们终于到了目的地。进入公园，虽然看不见瀑布，耳边却响起了"哗哗"的流水声。继续往前走，"哗哗"的流水声越来越大，引诱着我一边加快了步伐，一边从茂密的树丛中寻找着瀑布的身影。下了石桥，远远望去，一大片银白色的锦缎从树丛后羞涩地出现在我们面前，大片水流争先恐后地从悬崖上倾泻下来。

　　我们加快脚步，来到了瀑布的正面，细细地端详起了它的模样。瀑布大约高六十七米，顶宽八十四米。瀑布之上，还是平稳的水面，水流落了下来，好似千万条雪白的玉带；再往下落，猛然间变成了倾倒的雪峰。瀑布的水撞在了地面上，眨眼间就如同镜子一样破裂开来，声音之巨大犹如万马奔腾，非常雄壮。瀑布溅起的水雾，向上空飞起了几丈高。又变成了一个个小雨点，仿佛一个个小精灵，调皮地落在了近处游客的皮肤上，让人感到一阵清爽舒适。这瀑布，让我想起了李白的诗句"飞流直下三千尺，疑是银河落九天"。

　　瀑布的拦腰处，有一个天然形成的洞穴，叫水帘洞，传说孙悟空就住在这里。我们身披雨衣，伴着瀑布的奏鸣曲，穿过了层层水雾，进入了洞穴里。只见洞穴里有许多椎形的钟乳石，被潮湿的水雾喷得湿漉漉的，不由自主地去伸手触摸，非常光滑。我们站在洞里，瀑布从头顶轰鸣而下，声音如雷贯耳，震耳欲聋。通过一些洞，看见飞流而下的瀑布。让游人惊心动魄，仿佛一不留神，就会被冲走似的。我尽情地感受着瀑布的气势磅礴。

黄果树大瀑布虽然并非仙境，但胜似仙境。我爱你，黄果树瀑布！

夜爬华山

程茗朗

暑假里，我和妈妈去西安旅游。白天，我们参观了奇特的兵马俑、华清池和陕西历史博物馆；晚上，我们爬了又高又险的华山。

爬华山的前一天，我特别兴奋，好奇地问妈："华山高不高？"妈妈说："很高，而且还很陡。记住，爬山不观景，观景不爬山。"

第二天晚上，我们在华山山脚下的饭店吃饭时，问和我们同行的、爬过华山的叔叔："华山有没有九十度的峭壁？"

叔叔吓唬我说："有，而且只能一次通过一个人，下面就是万丈深渊。"

听叔叔说后，我吓得半死，不敢爬华山，怕一下没抓紧，没踩稳，摔下华山，变成肉饼。直到到了华山入口，我才发现是坡，我问两位叔叔："怎么这是坡呢？你们不是说要爬的吗？"两位叔叔说："爬完这段坡就到了呀。"进华山景区后，我一直紧张地走着，边走边想，离很恐怖的地方越来越近，我感觉我的心跳正在加速，也越来越害怕了！

我手脚发抖，脸色惨白地对妈说："妈妈，我不想爬了。"

妈妈安慰我说："只要我们一点点爬上山顶，所有山都臣服在我们脚下，太阳从我们脚下升起，我们会感到很自豪。"但是我还是觉得很紧张。

一路上，弯弯曲曲的山路两旁站立着卫兵似的路灯。在路灯的照耀下，我们看到了清澈的山泉，听到了哗啦啦的流水声，还看到了满是货物的店铺。很快，我们爬到第一关，我突然觉得爬华山没什么恐怖，于是我明白了，只要战胜自己，一切都能战胜。我立马就加快速度爬山，很快我们累得汗流浃背，气喘吁吁，到了一段特别难爬的地方，但不是叔叔说的地方。

我仰视着这些台阶，台阶近九十度，宽度只能爬一个人，许多人手脚并用慢慢地往上爬。我对妈妈说："这段台阶好陡啊，我先上去探探路。"我跟着他们一起手脚并用，一阶一阶地慢慢往上爬，有几次我还大胆地往下看。我听到妈妈焦急地对我说："不要往下看。"于是我回过头，一心一意往上爬，没有再往下看。渐渐我熟悉了这种陡路，可以快速地往上爬了。

我们爬了五个多小时，终于到达了山顶。我俯视着群山，真是应了那首诗："会当凌绝顶，一览众山小。"群山在我们的脚下，我心中涌起一股自豪感，这么高的山我都战胜了，还有什么困难能阻挡我呢？

别样的风景

回望来时路

沙文娟

　　早晨5点多，我们一家终于来到了泰山南天门。小广场搭满帐篷，到玉皇顶一路都是。天已是鱼肚白，我挣脱爸爸有力的大手，用尽力气跑到观日台，屏住呼吸，眺望着那一片越来越亮的云海，不禁回望来时路……

　　头一天晚上9点，没有去中天门的旅游大巴，我们从泰山脚下岱宗坊徒步攀登。一路上有大学生嬉戏，也有老人在唱歌，不知不觉过了一天门。渐渐的，夜变得墨一般的黑，月光如流水泻向山面，茫茫青雾徘徊在空气中。月光从枝叶间挤进来，滴到山路旁的灌木上，如一块块银白的亮片。

　　11点多，终于到了中天门，很多游人在吃方便面、玉米、卤蛋，疲倦的我没有胃口，直接倒在妈妈怀里睡着了。不知多久过去了，我睁开蒙眬的睡眼，站起身来，爸爸拍了拍我厚重的羽绒服："贝，现在1点了，你是打算继续爬呢，还是……""当然是继续爬啦！"我扭了扭胳膊，望了望来时的路，打断了爸爸的话，"如果在这儿休息，不仅明天看不见日出，而且之前的努力都白费了。"爸爸竖起大拇指，点点头，牵上我和妈妈，取道十八盘，向玉皇顶进发。

　　已经凌晨2点多了，十八盘呈六十度如战国云梯一般，我这只北极熊手脚并用地爬着，回望来时的路，犹如托尔金笔下的矮人地下矿坑，时不时有一丝微弱的光，云梯两旁是高耸入云的峭壁。唉，真不知道这个抉择是对还是错，看来比我想象的要难得多。寒风像子弹从耳边呼啸而过，此时已听不到蛐蛐儿的歌声，只听得见爸妈沉重的脚步声、自己急促的喘气声，又过一会儿，只听得见自己的心跳……

快看哪！它出来了！那一轮圆润的红日把它那耀眼的光辉洒到每一个人脸上，人们沸腾了，我赶忙叫妈妈转过来看，我脸上洋溢着兴奋自豪的笑容，用手"托"着太阳，让爸爸不停地拍照……

看着云海中一座座矮峰，看着脚下怪石突兀，绿树掩映，配上一抹淡淡的薄雾，好似一幅浓浓淡淡的国画。回望来时的路，赏着眼前此景，情不自禁吟出：

云端四顾，阳光一束，
青雾弥漫眼帘幕。
品日出，心满足，
回望当初来时路，
艰难困苦如云雾。
近，赏日出，
遥，赏日出。

别样的风景

冲　浪

杨可娴

　　暑假我和妈妈去了福建的平潭岛冲浪。

　　那天阳光明媚，太阳像金色的弓，阳光像金色的箭，箭射下来，射到了建筑物上，建筑物看上去很刺眼；射向沙滩，沙滩变得像金子一样闪闪发光；射向正在沙滩上嬉戏的人们，人们戴上墨镜，擦上防晒霜，抵挡这束束厉害的光箭；射向波涛起伏的海面，海面折射出了金子一样的光。

　　我们吃完午饭，立刻去更衣室换泳装。换完泳装我们马上冲向沙滩，跑到海边，脱掉鞋子，游入一望无尽的大海的怀抱。我看到海蓝色的海水一起一伏，我戴上泳镜潜入水下，看见深黄色的沙子静静地躺在水底，我浮上水面，一行吼叫着的大浪呼啸而来，我一秒都不敢耽搁，立刻潜入水中。正要浮出水面时，被大浪又卷入水中，感觉背上像被按摩过一样舒服，但我不小心呛了一点儿海水到口里，海水咸得不得了，我立刻"呸呸呸"地吐掉，还有一点儿进入了我的喉咙，我的肚子里一阵翻江倒海，感觉要把中午吃的东西全部吐出来了。第二次大浪扑来的时候，我就站在那儿，任凭大浪来冲击，我退后了一小步，然后我继续向前游去。冲了很多次后，我和妈妈手牵着手等着大浪降临，我眼前一亮，看到一个大浪呼啸着冲过来，妈妈说：

"三，二，一，跳！"我们往上跳起，跳到了浪的上方，同时发出兴奋的喊叫："呜哦，呜哦，呜哦！"我开心地说道："太爽了，太好玩了！"大浪冲过，人们大声地、快乐地吼叫，有的人欢呼雀跃，有的人狼狈不堪。冲浪太刺激、太好玩了。冲完浪我们依依不舍地走上海滩，回头望去，海像有了生命一样，让人们继续在它怀抱中嬉戏。

冲浪带给我快乐和美好的记忆，我希望下次还有很多冲浪的机会。

游长隆欢乐世界

政　衡

我们一下车，只见游人如织。一条弯弯曲曲的黄白相间的长龙上，镶嵌着"长隆欢乐世界"几个五颜六色的字。首先迎接我们的是一组欢乐的乐队，他们正在演奏一曲轻松、快乐的曲子，有的游人在帮他们拍照，有的游人驻足静听，我们在这优美的乐曲中开开心心地进入园内，优美的乐曲声也渐行渐远。

进入园内，进入眼帘的是道路两旁五颜六色的鲜花，花的品种各种各样，有百合、牵牛花、杜鹃、鸡冠花、玫瑰……有的粉白相间，像淡雅的桃花；有的紫红紫红的，像一串串正在吹奏的小喇叭；有的火红火红的，像一簇簇燃烧的火焰；有的雪白雪白的，像一团团柔软的棉花。大大小小、争奇斗艳的鲜花，你挨着我，我靠着你，一丛丛，一簇簇，它们也笑着、闹着来凑热闹。微风一吹，一股百花的清香直沁肺腑，给人一种神清气爽的感觉。它们好像都在欢迎我们的到来。

走过百花争艳的小路，我们来到充满欢声笑语的娱乐天地。这里有墨西哥草帽、碰碰车、碰碰船、飞马家庭过山车、音乐船、空中秋千、快乐大摆捶、U型滑板，还有真人版"分秒决斗"及4D版《冰河世纪3》……其中令我印象最深刻的是墨西哥草帽、飞马家庭过山车及4D电影。

我们首先玩了惊险刺激的墨西哥草帽。草帽顶端尖尖的，像座小山，帽檐两边翘翘的，像弯弯的月牙，它们五颜六色，很漂亮。我们各自钻进颜色不同的草帽。我轻轻地拉下保护杆，扶好后，草帽开始慢慢转起来了，而且一上一下慢慢升起来，我觉得没什么大不了的。草帽开始越来越快，上升得也越来越高，我开始觉得脚下起风，头也昏乎乎。最后，草帽像龙卷风一样，高速旋转且升到了最高处，像是到了云端，耳边只听到"呼呼"的风声，我们开始大声尖叫："救——命——啊！"尖叫声直冲云霄。惊险持续了约十秒，"龙卷风"开始转慢了，草帽开始缓缓下降，直至停止。大家都边笑嘻嘻地走下草帽，边说："这草帽好有趣，下次还来玩。"

接着我们来到比草帽更惊险、更刺激的飞马过山车。我们欢欢喜喜地坐上过山车。我和一个女同学坐在飞马形车头，我们系好安全带，扶好保护杆，车子开始在蜿蜒盘旋的轨道上行驶。刚开始，我们心情很放松，突然车子开始慢慢地向约四十五度的坡爬去，车子越爬越高，地面的人看起来像小人国的人，突然车子"砰"一声停了下来，发出"哧"的放气声，我们有些莫明其妙，正在我们疑惑的时候，车子突然急速下滑，只听到车轮与轨道摩擦发出的"轰轰"声，像夏天的炸雷，我感觉自己像要从车里飞出去，我吓得要命，心跳到嗓子眼儿了，手不由自主地握紧保护杆，双眼紧闭着。滑完坡后，车子又开始急速爬第二个坡，爬完后车子开始急速向前冲，冲击时我感觉飘移了，睁开眼一看，果真开始以一百八十度的弧线飘移，车子又转了三百六十度的小圈，转完后又小飘移了一段路程，这时车子才开始缓慢进站，我们终于松了口气，悬在空中的心也终于放下来了。我们边惊魂未定地走下车，边说："太刺激、太惊险，下次还来玩。"

相比上面两个惊险项目来说，看一场电影放松放松心情是件美妙的事情，可是这场电影超乎众人的意料，也是既惊险又刺激的，让人身临其境。这是《冰河世纪3》4D版电影。当我们看到松鼠掉下悬崖时，随着"轰"的一声响，我们的座椅立刻迅速下降，好像我们也同时掉下了悬崖。"啊！"有的女同学大叫，男同学则"哇哈哈"地大笑，同时还说："好有趣呀！"当我们看到尾锤龙用它像锤子样的尾巴横扫猛犸象夫妻和它们的朋友的时候，"轰"的一声，背部冷不丁突出一个十分坚硬的金属，打得我们背部硬生生地痛，我们都"啊"地大叫，叫完后又觉得好开心，好刺激。这是我看过的最有趣的电影。

长隆欢乐世界十分之大，我们还有很多地方没有去过、玩过、赏过。这一天，是我历次春游中玩得最开心、最兴奋的一天，有机会，我还去长隆欢乐世界玩。

157

澳门环岛游

李星伟

暑假里的一天，我和爸爸一起参加了澳门环岛游。

别样的风景

　　我们搭乘旅行社的大巴车到达了珠海市的湾仔码头。为了把远处的景色看得更清楚，我们先花了二十元钱租了一个望远镜，然后排队从湾仔码头的检票口上了"浪漫九州"豪华游轮。

　　上船之后，我简单看了一下，整个船有三层舱，第一层是吃饭的地方；第二层是休息的，还有服务台可以购买小纪念品；第三层是平平的大甲板，站在上面，可以看到远处的海。

　　上船之后约十分钟左右船就开了，我们先站在三楼的甲板上欣赏海面的风光。甲板上的人可真多啊！当导游说如果想看风景就到三楼的甲板上，人群像潮水一样涌到了船三楼的甲板上。海上的风可真大啊！风呼呼地吹着，差点儿把我戴在头上的帽子都吹掉了，于是，爸爸把帽子扣紧紧地扣着。我看到了海面上有一座细高的观光塔，还有三座雄伟的跨海大桥，还看到了一个由红、蓝、金三块颜色组成的高楼，远远望去，有几十层楼的高度，好像三色的大橡皮。为了看得更清楚些，我用望远镜仔细观看，从镜里我看到了一家饭店，隐隐约约还看见了里面的餐桌。随着船向前开进，第一座跨海大桥就耸立在我的面前，好有特色的桥墩啊！我看见这座大桥中间由三根非常粗壮的柱子作为它的主桥墩，再往两边，有许多细小的柱子做成副桥墩。我们的船就从右边的桥孔开了过去。船很快就开到了第二座跨海大桥的面前，与第一座相比，桥面和桥墩都细小很多，像一个放大的脚手架。可我还没看仔细第三座桥的时候，游轮已经掉头往回开。因为澳门是特区，船始终都保持着与澳门岛五十米的距离。在回程的路上，我看见观光塔时不时地闪着白色的光，像星星眨着眼睛。天气太热了，我向下走到二楼，二楼大厅有十几个沙发专供游人休息。我站在二楼船外面的甲板上，看见了船尾部机动箱翻滚出来的水花，好像是士兵们正在激烈地打仗。再远远地看看澳门的建筑高楼，发现它们外墙喜欢用幕墙材料装饰得像镜面一样反光，有金碧辉煌的，有深桃红色的，有深蓝色的。爸爸给我介绍，澳门标志性的建筑物有澳门中银银行、金莲花广场、萄京赌场、美高梅赌场……

时间过得很快，不一会儿，游轮就回到了码头，我们上岸了。因为今天只是走马观花地看了澳门，希望下次有机会，真正地踏上澳门岛，走进澳门人的生活，品尝澳门的美食，细看澳门的风光！

我 的 暑 假

武鹏勇

我的暑假过得很开心。在这个假期里，我分别去了四个地方——香港、珠海、惠州和深圳的东部华侨城。先选哪一个开始讲呢？让我按照顺序说吧。

香港是一个生活非常方便的城市。每几幢高楼会围成一个楼群，这些楼群的一至三楼都连在了一起，每个裙楼里都有大大小小的商店，有超市、有便利店，还有麦当劳、肯德基，还有儿童乐园。所以一下楼就可以买到自己所需的东西。超市的东西都很齐全，应有尽有。车厘子三十块钱一斤，当我们后来在深圳，看见同样的车厘子在商店里卖八十多元一斤，感觉香港的水果好便宜啊！我在麦当劳吃的多味鸡块，当一咬开的时候，你就会发现，这是纯鸡肉的味道，好香啊！连芝麻酱和芝士酱都有酸酸甜甜的味道。不说了，我都流口水了。

珠海是一个风景优美的城市。我去了梅溪牌坊、农科奇观、圆明新园，还体验了澳门环岛游。农科奇观的南瓜很大，阴生植物园有无

159

别样的风景

土栽培，澳门环岛游让我看到三座雄伟的跨海大桥，圆明新园就是供大家休息和游玩的景区。珠海真是一个适合人们居住的地方。

惠州是个安静的城市。当我们坐车从深圳到达惠州时，有许许多多的山，我们必须穿过十个隧道才行。我们去的大亚湾很荒凉，到处是工地在盖楼房，偶尔看见几个人在街上走，几辆车在马路上跑。惠州真是个养老的好地方。

东部华侨城是深圳的一个旅游景区，风景如画，还有许多惊险刺激的游玩项目。我觉得最漂亮的地方就是茶溪谷的茵特拉根小镇，简直就是童话般的世界、人间的天堂。大峡谷的"飞跃巅峰"是亚洲最长的木质过山车，我排队上去坐了一次，太惊险刺激了，当过山车向下跑的时候，我感觉就像掉下去摔死了似的。我还想以后有机会再去玩。

这是我上学以来的第一个暑假，过得很充实、很有意义。希望明年的暑假过得更愉快、更精彩！

我 的 建 议

于欢欢

春天到了，春风吹绿了柳梢，吹青了小草，吹皱了河水，吹鼓了杏树的花苞，吹动了我们想去春游的心。

我建议大家到少海去春游。少海风景如画，来到少海首先看到了一个大大的红白相间的帆船，十分壮丽。再往里走就看到了大海，大海一望无际，好像一个蓝宝石，十分美丽。海风轻轻地吹，好像妈妈的手轻轻地抚摸着你的脸，十分舒服。路边的柳树，让你感觉绿意盎然，像少女的长发一样，十分美丽。沿着小路继续走，我们来到了鹅卵石沙滩。鹅卵石十分光滑，像一颗颗蛋，有大的，像鹅蛋，有小的，像鸟蛋。我拿了两个，碰撞在一起，"砰砰砰"声音十分清脆。

继续向前走，我们远远地看到一个倾斜的大圆盘，上面立着一根银色的指针，我们跑过去一看，牌子上写着"日晷"。它是古代按照日影测定时刻的仪器。日晷四周有五颜六色的花，好像一个大花坛。香气扑鼻、五颜六色的花引来了许多蜜蜂和蝴蝶，时不时发出"嗡嗡"的声音。继续向前走，还有万佛塔、二十四孝桥、清风桥、明月桥和碧水桥。由于时间关系，就不多说了，大家还是亲自去看看吧。

一堂有趣的作文课

田欣莲

"你是我的小呀小苹果，怎么爱你都不嫌多……"随着音箱里传出神曲《小苹果》的音乐，隔着电脑屏幕，我仿佛看见老师一蹦一跳、一"瘸"一"拐"地猫到了屏幕后面，我期待已久的作文课就要开始了。

老师长得很帅，西装笔挺，大背头油光滑亮，鼻梁上架着一副金丝眼镜，活脱脱一位翩翩公子。

老师就像一个技术高超的变音师。他的声音一会儿像深山里的虎啸，震耳欲聋；一会儿像树梢上的鸟鸣，悦耳动听；一会儿像婉约词人李清照，凄凄惨惨；一会儿像抗金名将岳飞，激情豪放……但是，只要唱起《拉大栓》，老师的"狐狸尾巴"，可就露出来了：别人唱歌是要钱，他唱歌是要命啊——那调子跑的呀，飞人刘翔恐怕都追不上吧……

这节课，老师教了我们一些写作文的窍门。写一篇文章要分三步：口说作文、下笔成文、作文口说。老师认为作文口说最重要："古往今来，鲜有人能下笔成神，七步成诗的事少之又少。表面上是七步，不知在心里过了多少遍。""下笔写作文只占作文的百分之二十，口述作文比写作更重要，说定型，吻合了，再写下来。""作文要口说，口说的意义在于改作文。"所以优秀的作文是改出来的，平庸的作文是写出来的。

以前，妈妈也要求我要作文口说，一遍又一遍地读，一遍又一遍地修改。可我一写完就不愿意再去改了。现在，老师说："修改并非难事，而是在于改变已有的习惯。刚开始会有点儿累的，最终会节省你的时间。坚持下来，且时习之，才有不亦乐乎的感觉。"我觉得很有道理，我准备以后要养成这样的习惯，让我的作文越来越好。

老师的课既有趣，又有意义。我一定要努力学习写作文的技巧，不让老师失望！

一堂有趣的课

杨可欣

前几天，妈妈在网上买了一套《怎样写作文》，书回来后，我看到封面上印着一幅图画，心想这本书有什么特别？特别在什么地方呢？

今天，我有幸听了作者老师的一堂课，老师的幽默、风趣给我留下了很深的印象。老师的朗读妙趣横生，他为我们朗诵了《将进酒》《面朝大海，春暖花开》和《春》这几首诗，老师读得声情并茂、抑扬顿挫、有起有伏、有断有续，我沉浸在其中，觉得美极了。而我们读得不是没有停顿，就是没有感情，像小和尚念经一样。

老师说话很幽默。老师在准备读《将进酒》之前，需要音乐，还不失风趣地说了句："我现在都快成腕儿了，没有地毯不走路，没有音乐不唱歌。"我就在老师风趣、幽默的讲课中，心情也变得轻松、愉悦起来。

老师读的语调很有趣。老师讲到不同的地方，会用不同的语调去读。一会儿用蜡笔小新的语气读，一会儿又模仿普通话不标准的老板语气，甚至还会用美式英语说一两个简短的单词或短语，将我们的兴趣一下子就提起来了。

不仅如此，老师还教给我们"怎样养成正确读书与写作的好习惯"和作文三部曲"口说作文、手写作文、作文口说"。让我明白了，阅读不仅只是看，还要读；明白了功夫在于积累、积累在于重复的道理。

一堂有趣的课在不知不觉中结束了。这位老师给我留下了深刻的印象，我期待下一节课的到来。

一节难忘的作文课

梁名韬

语文老师的作文班开课了，虽是一堂动员课，却让我感到新奇有趣又难忘。

随着一曲欢快的音乐旋律《小苹果》的播放，开始上课了。奇怪，怎么是女声？这让我很纳闷儿，老师是男的呀，为什么会变声呢？原来是因为老师上的中级语感班拖了一堂课，因而撞期了，这次动员课我们唯有听上一期老师的录音了。老师用幽默的口吻跟我们打招呼，大家都很兴奋。老师跟我们讲了很多内容。第一，如何读好一篇文章。老师给我们讲了一些要点：首先，读书要读出声来，不能默读；其次，要有抑扬顿挫，有感情、有节奏地读书，不能随便乱读；再次，要以玩的心态，并且改变习惯才有效果。第二，老师讲了能力和知识的区别，二者不能等同。第三，写作的方法。写前是口说作文，写中是文字作文，写后是作文口说。可以用上一些修改符号。然后再结合"4""6""8"这三点。所谓"4""6""8"，每个数字都有不同的意义，"4"代表的是四种对称手法，"6"代表的是"六根六尘"的写作手法，"8"代表的是八种技法。老师叫我们写文章的时候最好要用上，同学们都听得非常认真。

老师的话生动又风趣，而且不时与我们互动，我感到很新鲜，我从来没听过这种形式的课程，很有吸引力。虽然老师说过每堂课都会留有作业，但我一定会完成的。这堂课真是难忘又有趣啊！

165

别样的风景